Gitânia Vargas
Willian Cardoso

O manual da MENTE HUMANA

Filhos & Alunos

Gitânia Vargas
Willian Cardoso

O manual da MENTE HUMANA

Filhos & Alunos

Instituto Liberdade
vitrola

Direção Editorial
Vitor Alessio Manfio

Capa, Projeto Gráfico e Diagramação
Carol Palomo | Resumo Editorial

Revisão
Priscila Câmara

Assistente Editorial
Tayná Werlang

A ortografia deste livro segue o Acordo Ortográfico da Língua Portuguesa.

Dados Internacionais de Catalogação na Publicação (CIP)
(Câmara Brasileira do Livro, SP, Brasil)

Cardoso, Willian Azeredo
Manual da mente humana : filhos & alunos / Willian Azeredo Cardoso, Gitânia Vargas. -- Frederico Westphalen, RS : Vitrola Editora, 2023.

Bibliografia.
ISBN 978-65-6030-003-3

1. Educação - Brasil 2. Formação profissional 3. Programação neurolinguística 4. Programação neurolinguística - Obras de divulgação I. Vargas, Gitânia. II. Título.

23-161735 CDD - 158.9

Índices para catálogo sistemático:
1. Programação neurolinguística : Psicologia 158.9
Eliane de Freitas Leite - Bibliotecária - CRB 8/8415

Vitrola Editora e Distribuidora Ltda.
Rua das Camélias, 321 — Aparecida — CEP: 98400-000
Frederico Westphalen — RS
Tel.: (55) 3744-6878 — www.vitrola.com.br

DEDICATÓRIA

Este livro é dedicado a você,

____,

que tem o desejo de conhecer esse universo encantador que é a mente humana.

A você, que está em busca de ferramentas práticas para utilizar no dia a dia com as crianças e os adolescentes, com o objetivo de:

- comunicar-se melhor;
- compreender comportamentos;
- entender as emoções.

Enfim, a você que, assim como nós, deseja contribuir para a construção de um ser humano preparado para a vida.

Receba este presente com carinho e reconhecimento!

De:

____

SUMÁRIO

AGRADECIMENTOS

Agradecemos à Promotora de Justiça Andrea Almeida Barros, da Promotoria de Justiça Especializada de Estrela, RS, pela confiança depositada no Instituto Liberdade, para realizar um trabalho voltado para a Educação, com objetivo de ajudar as famílias e as escolas a vencerem seus desafios de educar as crianças e os adolescentes, tais como: o resgate de valores, a inserção dos limites e a superação de situações desafiadoras e comportamentos de risco.

À professora Martinha Dullius, que estava à frente da Secretaria Municipal de Educação do município de Bom Retiro do Sul, RS, no ano de 2019, quando realizamos o Projeto Pilares da Educação pela primeira vez. Agradecemos a confiança depositada em nós e o comprometimento que teve com a construção de uma educação que fortalece a parceria entre família e escola, para garantir um futuro melhor para as crianças.

Juntamente, queremos deixar nosso agradecimento ao Sr. Edmilson Busatto, Prefeito Municipal no período da realização do projeto, por entender a importância e a necessidade de realizar um trabalho voltado para o fortalecimento das famílias e dos professores, reconhecendo-os como os pilares para a construção de uma sociedade melhor.

Em especial, nosso agradecimento a todos os profissionais da educação, pais, mães e alunos, que em algum momento participaram das ações do Projeto Pilares da Educação, seja na Formação em Programação Neurolinguística, nas palestras para as famílias ou assistindo aos vídeos do Treinamento Formando Pais.

Por fim, agradecemos com muito carinho a todas as pessoas que adquiriram o primeiro livro da *Coleção Formando Pais: manual da família* e também a cada pessoa que generosamente se identificou com a proposta e abraçou a causa, transformando-se num multiplicador, levando exemplares do livro para os mais diferentes lugares, fazendo a diferença na vida de muitas famílias.[1]

---

1. O livro *Formando Pais* pode ser adquirido em www.vitrola.com.br. Se você quiser levá-lo para a sua escola ou cidade, contate-nos pelo WhatsApp (53) 98402-9821.

APRESENTAÇÃO

ESTE LIVRO FOI CRIADO A PARTIR DE DOIS GRANDES PROJETOS do Instituto Liberdade: Formando Pais e Pilares da Educação.

O Formando Pais é um treinamento digital, que tem como objetivo auxiliar os pais e educadores a educarem de forma assertiva e sem medo, através do conhecimento sobre o funcionamento da mente humana e sobre o desenvolvimento das crianças desde a vida intrauterina até os 17 anos.

Para alcançar esse grande objetivo, utilizamos a PNL, Programação Neurolinguística, como principal ferramenta de comunicação para acessar a mente humana, compreender seu funcionamento, despertar potencialidades, desenvolver capacidades, inserir valores, formar o caráter, construir crenças possibilitadoras, ressignificar fatos, eliminar medos e traumas. Enfim, construir um ser humano preparado para a vida com autonomia e responsabilidade, sendo livre e feliz.

Através da PNL, os pais estarão preparados para lidar com os desafios da criação dos filhos, sabendo agir em qualquer situação.

Se o alicerce da vida de uma pessoa vem da sua base familiar, entendemos que a família deve ser cuidada com carinho e atenção. Precisa ser preparada para cumprir o seu importante papel no mundo.

Por esse motivo, criamos o Formando Pais, pois entendemos que muitos pais gostariam de ser melhores educadores. Contudo, faltam-lhes conhecimentos e ferramentas específicas para agir efetivamente. Por isso, abraçamos essa causa em prol das famílias, para ajudarmos os pais a serem mais felizes nesta jornada de cuidar e educar e para que, assim, possam sentir orgulho do ser humano que criaram.

Somada à família, temos a escola, como segunda instituição responsável pela formação integral de um ser humano. E, dentro da escola, consideramos o professor como o grande agente transformador.

Nesse sentido, torna-se vital para o processo formativo de uma criança a construção de uma verdadeira parceria entre a família e a escola, fortalecendo esses dois pilares que estão na base da vida de qualquer pessoa.

Com esse propósito, temos o Projeto Pilares da Educação, que tem como objetivo principal a construção de uma educação que integra a família, a escola e a sociedade, através da gestão pública educacional.

O projeto visa realizar ações práticas e efetivas, que dão sustentação ao processo educacional, promovendo imediatamente uma melhor relação família-escola, escola-gestão pública, pois oferece suporte e ferramentas para que os professores possam lidar com os desafios do dia a dia na sala de aula, resolvendo os problemas com segurança e assertividade. Ao mesmo tempo, leva consciência para as famílias sobre o seu papel na educação dos seus filhos, sem terceirização da responsabilidade, e sim com a valorização da instituição escolar e dos seus profissionais.

Na prática, o projeto Pilares da Educação está organizado em duas partes: uma que acontece para os professores e outra para as famílias.

Para os professores, é feita uma Formação em PNL, trabalhando os fundamentos da Programação Neurolinguística para aplicação no dia a dia na sala de aula e na escola. Esta formação em PNL pode acontecer de forma presencial ou digital.

Para as famílias, é desenvolvido o Projeto Consciência para Pais, que consiste nas seguintes ações:

- **Distribuição de 26 vídeos** curtos com assuntos relacionados à criação de filhos, que fazem parte do Treinamento Formando Pais. Esses vídeos serão encaminhados para a Secretaria de Educação, que os enviará diariamente para os pais da sua comunidade.

- **Palestras para os pais**, organizadas de acordo com as etapas de ensino ou faixa etária das crianças, abordando temas sobre o seu desenvolvimento desde a vida intrauterina até os 17 anos, como: a estruturação do caráter, como lidar com as situações desafiadoras, inserir limites, resgatar valores, preparar para a vida e blindar das influências externas, desenvolvendo autonomia e responsabilidade.

Esse projeto pode ser desenvolvido nas redes municipal, estadual e particular de ensino.

Com pais e professores fortalecidos, estamos garantindo o futuro da humanidade, pois em suas mãos está sendo formada a nova geração de crianças e adolescentes, que agirão no mundo.

O presente livro surge com o propósito de dar continuidade a esse belo trabalho educativo para pais e professores. É o segundo livro da Coleção Formando Pais, e está organizado para ser um manual para compreender a mente dos filhos e alunos, pois traz uma grande quantidade de ferramentas práticas para serem utilizadas com qualquer criança, independentemente da fase do desenvolvimento em que ela esteja, das suas características individuais e necessidades específicas.

O capítulo 1 é voltado para a aplicação da PNL no universo da sala de aula e escola, trazendo aos professores uma "caixa de ferramentas" para utilizarem em diferentes situações. Com a prática constante do conhecimento e das técnicas contidas neste capítulo, é possível transformar o processo de ensino e aprendizagem num processo muito mais leve, fácil e prazeroso.

No capítulo 2, os pais e educadores terão a oportunidade de mergulhar no mundo da PNL, aprendendo como utilizar essa poderosa ferramenta na criação dos filhos. É um tesouro precioso, de valor incalculável e de resultados extremamente positivos, que se refletirão imediatamente nas atitudes das crianças e, ao mesmo, trarão benefícios para toda a vida.

Por fim, o capítulo 3 vem para ajudar a vencer alguns desafios que hoje fazem parte da vida de muitas famílias e que se manifestam no universo da escola. São situações desafiadoras que exigem atenção, pois envolvem a defesa da vida, da saúde física e emocional das crianças, dos adolescentes, dos pais e também dos profissionais da educação.

A educação das crianças é um processo de plantio e colheita. Por isso, precisamos plantar boas sementes e cuidar dos brotos, para que possamos colher bons frutos no futuro.

Fica aqui o convite para seguir adiante. Vire a página e comece esta viagem de aprendizado e evolução!

Temos certeza de que valerá a pena cada minuto dedicado a esta leitura. Mas queremos deixar um alerta: PNL não se aprende apenas lendo. Se você quiser realmente colher excelentes resultados, você precisará colocar em prática! Só assim a aprendizagem acontecerá.

Aproveite a jornada e seja feliz!

Capítulo Um

PNL PARA APLICAÇÃO NA SALA DE AULA

1.1 REGULAGEM DE ESTADO INTERNO

Somos um campo de energia, e este campo é impactado a todo momento através das experiências que vivemos em nosso dia a dia, influenciando na forma como nos sentimos.

Contudo, para cada tipo de vivência podemos eliciar um estado interno diferente, ou seja, um estado interno adequado para que possamos tirar o máximo proveito de cada experiência.

Exemplo: Imagine que você acorda e percebe que seu filho está chorando com medo do escuro.

Essa é a hora de vestir a capa do super-herói ou da super-heroína e mostrar para essa criança que ela pode ficar tranquila, porque tudo vai dar certo.

Logo em seguida, é hora do café em família. Talvez nessa hora o estado interno ideal seja o do carinho, do amor, da prestatividade...

Porém, antes de sair de casa para levar seu filho à escola, você percebe que ele deixou a cama toda bagunçada.

Agora, talvez seja o momento do estado interno da **razão**, **imponência** e **respeito**.

Esse talvez seja o momento de você eliciar o estado interno do adulto.

No entanto, como não ceder diante daquele rostinho dizendo: “Ah, mãe! Ah, pai! Quando eu voltar, eu arrumo.”

Essa talvez seja a hora de você fazer valer a sua posição hierárquica e assumir o estado interno do coração de pedra.

Nesse momento, se você deixar ele ou ela ir sem arrumar a cama, talvez você esteja alimentando comportamentos como procrastinação, desorganização, desleixo, relaxamento...

Exemplo: No caminho do trabalho, você recebe várias notícias de situações que você terá que enfrentar no dia. Contudo, você chega na sala de aula e várias outras vidas vão absorver o que você tem à disposição para entregar. O que você vai entregar a elas?

Então, antes de iniciar qualquer atividade, você pode controlar seu estado interno com **exercício físico**, **música**, **respiração**, **exercício do riso**, entre outros.

E na função de professor, é necessário compreender que, além do seu estado interno, há o estado interno de seus alunos. Cada um vem de ambientes, formas de tratar, conceitos do valor do conhecimento e realidades diferentes.

Contudo, cabe a você lidar com todos da melhor forma. Para isso, é importante que você tenha a consciência de que, através das mesmas ferramentas, você pode controlar e regular o estado interno de seus alunos em diversos momentos, como na volta do recreio, antes de uma prova ou no início da aula para despertá-los para aprender.

EXEMPLO 1: VOLTA DO RECREIO

Na volta do recreio, você pode utilizar música calma e respiração.

Após o recreio, quando os alunos estiverem muito agitados, eufóricos ou dispersos, peça a eles que parem imediatamente qualquer coisa que estejam fazendo e respirem profundamente 10 vezes.

Encha o pulmão de ar, inspirando pelo nariz, e solte calmamente, expirando pela boca. Faça uma vez para demonstrar e peça para respirarem junto com você, conectando-os com a sua respiração.

Ao final de dez respirações, eles terão oxigenado o cérebro, liberado endorfina e passado para um estado interno de relaxamento, bem-estar e concentração. A partir daí, estarão prontos para dar continuidade à aula.

Esse momento pode ser acompanhado de um fundo musical tranquilo, que também pode ser utilizado durante a realização das atividades da aula.

EXEMPLO 2: PARA DESPERTAR ANTES DE COMEÇAR A AULA

Para que a aprendizagem aconteça, é necessário que os alunos estejam em um estado interno ativo. Não importa o quanto você deseje ensinar algo a alguém, a aprendizagem começa com o desejo de aprender, pois ela é um processo ativo.

Para isso, agora você pode utilizar uma música animada, fazer uma dança descontraída, movimentando bem o corpo, ou até mesmo fazer algum exercício como pular ou saltitar sem sair do lugar.

Observação importante: se você não ativar seus alunos no início da aula, desperdiçará em torno de 45 minutos até que eles se ativem de forma natural, principalmente no início da manhã ou nos primeiros períodos da tarde.

EXEMPLO 3: PARA ANTES DAS PROVAS

Alguns alunos demonstram um estado de tensão, preocupação e ansiedade em dias de avaliações. Para que eles possam entrar em um estado de tranquilidade e concentração, você pode levá-los para fazer uma caminhada ou corrida, observando o ambiente à sua volta. É um exercício simples e que traz um resultado positivo imediato. Ouvir uma música descontraída também ajuda.

E para você que é pai ou mãe, a regulagem de estado interno pode ser utilizada para acordar para a escola, na hora de dormir, na hora de estudar e até mesmo na hora de brincar, descarregando a energia, utilizando as mesmas ferramentas citadas nos exemplos acima.

Na sequência, contaremos um pouco sobre quem foram os criadores da Programação Neurolinguística, as pessoas que descobriram essas ferramentas simples que fazem tanta diferença em nossas vidas.

ESCREVA AS APRENDIZAGENS QUE VOCÊ OBTEVE DESSE CONTEÚDO:

1.2 HISTÓRIA DA PROGRAMAÇÃO NEUROLINGUÍSTICA

A PNL – Programação Neurolinguística é uma linguagem de comunicação que ultrapassa os filtros dos ouvidos e se comunica diretamente com o inconsciente de uma pessoa.

Surgiu na década de 70, por meio de dois americanos chamados Richard Bandler, um expert em programação e lógica, e John Grinder, professor de linguística na Universidade de Santa Cruz, na Califórnia.

Richard e Jonh decidiram modelar três personalidades, pessoas que se destacavam pelos resultados que tinham. Virginia Satir, terapeuta familiar; Fritz Perls, psicoterapeuta criador da terapia Gestalt, e Milton Erickson, considerado o pai da hipnose. Cada uma dessas personalidades foi acompanhada, mapeando-se os seus padrões de linguagem, comportamentos, formas de pensar e atitudes.

Então, a PNL começou com um processo de modelagem. Significa que, se um indivíduo é capaz de fazer algo com excelência, outro indivíduo, reproduzindo os mesmos passos, com a mesma intensidade, direção, velocidade, em cenários semelhantes, também conseguirá o mesmo resultado.

As pesquisas de Grinder e Bandler buscavam compreender a essência dos padrões de pensamento e linguagem que os melhores especialistas utilizavam, questionando o processo percorrido que possibilitava que a mudança acontecesse. Entre as três personalidades existia um consenso de que a mudança acontece de dentro para fora e que existe uma estrutura para que isso aconteça.

Os resultados dessa pesquisa sobre os padrões comuns de pensamento e de linguagem deram origem ao livro A

Estrutura da Magia, que teve sua primeira edição no ano de 1977. O livro mostra que algo que parecia magia na verdade tinha uma estrutura.

A partir daí, a PNL se expandiu rapidamente em todo o mundo, sendo conhecida popularmente como a ciência e arte de eliciar a excelência humana. A PNL é vista como a essência da comunicação e da mudança, sendo utilizada nos campos de aprendizagem, saúde, liderança, gerenciamento, vendas e em treinamentos empresariais.

Hoje, é você que está tendo acesso a esta magia. Através desta ferramenta, você pode mudar a sua vida, descobrir o seu maior potencial interior e fazer as transformações necessárias, alcançando mais sucesso e felicidade.

A PNL é uma técnica diferente da Psicologia. Podemos dizer que seus criadores, de uma forma muito inteligente, extraíram de cada uma das linhas da Psicologia aquilo que eles pensavam ser o melhor e excluíram tudo que afastava as pessoas de alcançarem o resultado de forma mais rápida, efetiva e objetiva.

A PNL permite que o sujeito encontre as soluções e os recursos necessários dentro dele mesmo, pois acredita que todo ser humano tem — ou potencialmente tem — tudo o que precisa para agir efetivamente. E, mudando o significado na origem do problema, permite-se que todas as transformações necessárias aconteçam.

A partir das próximas páginas, cada vez mais, você irá compreender o quanto a PNL faz parte da vida. E uma das coisas mais importantes de se aprender, quando falamos em PNL, é o conhecimento sobre mapa e território, que será explicado detalhadamente no próximo texto, pois, para conduzir o processo de ensino e aprendizagem, todo professor precisa compreender o que é fato e o que é apenas significado.

ESCREVA AS APRENDIZAGENS QUE VOCÊ OBTEVE DESSE CONTEÚDO:

1.3 MAPA E TERRITÓRIO

Na verdade, vivemos a realidade que o nosso cérebro cria a partir de percepções do mundo exterior. Nossas crenças, valores, profissão, cultura, interesses, memórias, experiências anteriores, etc., agem como "filtros" das experiências que extraímos do mundo exterior.

A riqueza do mundo exterior é extremamente vasta, para que possa ser percebida por nosso sistema nervoso de uma forma completa.

A partir das informações colhidas do mundo externo, pelos nossos órgãos dos sentidos, "filtramos" um grande número de informações, simplificando-as e depois trabalhando com aquelas que são mais interessantes segundo nossas crenças, valores, pressuposições, entre outros fatores. Ou seja, vivemos nossa própria realidade.

A PNL utiliza os conceitos de mapa e território para mostrar como cada pessoa percebe e interpreta o mundo ao seu redor.

Sendo assim, temos a definição:

- **Território:** É a representação do mundo físico, os fatos e acontecimentos sem atribuição de qualquer interpretação, significado ou característica.

- **Mapa:** É como o sujeito percebe o território, a sua interpretação do fato, atribuindo características e significados de acordo com sua percepção.

Uma boa analogia é feita com um território e o seu respectivo mapa. Por mais detalhado que seja o mapa, ele não é território. Para a construção do mapa, sempre se dará mais relevância a uma determinada informação, por exemplo, a vegetação em detrimento do relevo ou as bacias hidrográficas, etc.

Para exemplificar o que é mapa e território, vamos utilizar o exemplo do corpo humano, interpretado por 3 profissionais de formas distintas.

O corpo humano é um território.

Um médico, ao observar o corpo humano, enxerga órgãos, sistemas, doenças, saúde e todo o funcionamento do corpo. Um fisiculturista vê músculos, força e performance muscular. Já um artista plástico vê o corpo como uma obra de arte, com beleza, curvas, traços e contornos.

O território é o mesmo, o corpo humano. Já o mapa, cada pessoa tem o seu. Assim, cada um percebe o mundo através do seu próprio mapa e não do território comum a todos.

Analise estes outros exemplos que estão ligados à vida escolar:

EXEMPLO 1:

Território: 30 alunos do 6º ano.

Mapa: Uma turma terrível, agitada e desinteressada.

EXEMPLO 2:

Território: Tabuada.

Mapa: Conteúdo fácil.

Compreender mapa e território é fundamental para resolver conflitos na escola. Afinal, para resolver qualquer situação de conflito é necessário encontrar o território, pois além deste, tudo será mapa, isto é, o significado e a interpretação de alguém.

Observe a seguinte situação:

Uma aluna entra na sala e faz uma reclamação para a professora de uma outra colega da sala, dizendo que a colega é mal educada e estúpida. Diz que acabou de passar por ela no corredor da escola e que a colega, além de não a cumprimentar, esbarrou nela derrubando seu material no chão e não parou para juntar, nem para pedir desculpas.

Enquanto a aluna faz a sua reclamação, os demais colegas da turma já têm a sua interpretação do fato, e alguns concordam que a colega é realmente "mal educada" pelo que fez.

Logo em seguida, a aluna em questão chega à porta da sala e pede licença para a professora para entrar. Ao ser questionada pela professora sobre o porquê de não ter entrado com os demais colegas, ela responde que precisou correr até a biblioteca, pois havia esquecido seu caderno no dia anterior, no qual estava o resumo da apresentação do trabalho que ela e a colega tinham feito juntas e que iriam precisar já no primeiro período. Ao entrar na sala, ela senta perto da colega que tinha acabado de contar o fato do corredor, cumprimenta-a sorrindo e diz que está tudo certo com o trabalho delas.

Os mesmos alunos, que recentemente estavam julgando a colega como mal educada, agora já passaram a ver a atitude dela como positiva e responsável.

As pessoas pensam que o mundo funciona de acordo com o seu próprio mapa. Porém, quando adotam esse tipo de postura, acabam cometendo vários equívocos e distorções da realidade de fato.

Não vemos o mundo como ele é, e sim como nós somos. Agora, imagine: se você utilizar apenas o seu mapa, ou seja, a sua interpretação para se comunicar com as outras pessoas, além de fazer o que chamamos de invasão de mapa (que é deduzir que o seu modelo de pensamento é o mesmo que o das outras pessoas), você também dificulta a aproximação com o mapa do outro, que é diferente, com outro jeito de pensar.

Por isso, existem algumas expressões com as quais devemos ter cuidado, pois todas elas são uma invasão do mapa das outras pessoas que estão à nossa volta. Muito cuidado com expressões como: **a gente**, **todo mundo**, **todos**, **todas**.

EXEMPLOS:

- Todo mundo fuma.
- Todo mundo usa esse tipo de roupa.
- Todo mundo vai a essa festa.
- Todo mundo bebe.
- Todo professor ganha pouco.

Por não compreender que cada pessoa possui o seu mapa, algumas pessoas acabam tornando-se influenciáveis, pois os outros invadem o seu mapa e elas permitem.

Ter a compreensão de que mapa não é o mesmo que território é um dos conhecimentos da PNL mais impactantes para a comunicação assertiva, para o relacionamento dentro da escola e também para as demais relações sociais. Quanto mais o professor se aproximar do mapa dos seus alunos para compreendê-los, mais ele vai poder ajudar essas crianças a expandirem suas percepções, através do processo de ensino e aprendizagem.

Agora que você já compreendeu sobre mapa e território e sua importância, vamos ao próximo passo: conhecer as pressuposições básicas da PNL, que são como pilares fundamentais, que o auxiliarão a encontrar as respostas que você precisa para entender a base comportamental das pessoas.

As pressuposições devem ser lidas várias vezes, até serem compreendidas, absorvidas e internalizadas. Elas devem ser memorizadas e estar na ponta da língua, pois serão utilizadas a todo o momento nas relações interpessoais. Você vai utilizá-las para compreender os alunos, para comunicar-se com as pessoas, para fazer escolhas mais assertivas e também para o autoconhecimento.

ESCREVA AS APRENDIZAGENS QUE VOCÊ OBTEVE DESSE CONTEÚDO:

1.4 PRESSUPOSIÇÕES BÁSICAS DA PNL

1. Mapa não é território.
2. Cada um faz o melhor que pode, considerando o contexto e os recursos que têm disponíveis no momento.
3. Todo comportamento tem uma intenção positiva.
4. Não existem erros, apenas resultados.
5. Todas as pessoas têm, ou potencialmente têm, todos os recursos que necessitam para agir efetivamente.
6. Mente e corpo formam um sistema único.
7. Se você não está obtendo o resultado desejado, dê flexibilidade à sua ação.
8. O estresse gera energia positiva que pode ser aproveitada.
9. Se você continuar a fazer as coisas como sempre fez, continuará a obter exatamente os mesmos resultados.
10. O elemento controlador do sistema é o elemento mais flexível.
11. Todo comportamento foi útil no momento em que foi criado.
12. O responsável pela comunicação é o comunicador.
13. A comunicação é avaliada pelo resultado que ela produz.
14. Se alguém é capaz de realizar algo com excelência, qualquer pessoa, seguindo os mesmos passos, poderá fazer o mesmo.
15. Conhecimento não é o mesmo que sabedoria.

Aponte a câmera do seu celular para o QR CODE, acesse o link abaixo e compreenda como utilizar as Pressuposições Básicas da PNL no dia a dia.

https://formandopais.com/pressuposicoesbasicasdapnl

ESCREVA AS APRENDIZAGENS QUE VOCÊ OBTEVE DESSE CONTEÚDO:

1.5 PESSOA E PERSONA

Na PNL, **pessoa** e **persona** possuem significados distintos, e sua compreensão é importante para entender as relações sociais, dentro e fora da escola.

- **Pessoa:** Quem você realmente é, com suas características, crenças, valores e jeito próprio de ser. É a sua identidade.

- **Persona:** É um personagem que você cria para representar um perfil que você deseja, em um determinado ambiente que você vai atuar.

Todas as pessoas possuem uma persona diferente, conforme a necessidade e os ambientes. Existe a persona do trabalho e a persona das situações informais, em casa ou com amigos. O cargo de professor é uma persona, assim como o cargo de bombeiro, de médico, entre outros. Por trás dessa persona, existe uma pessoa com suas fortalezas, fragilidades e necessidades emocionais.

Já os alunos, enquanto ainda não têm a personalidade formada, adotam várias personas: o valentão, a patricinha, o bobo da corte, o cupido, o inteligente, o nerd e tantas outras que convivem no ambiente escolar.

Nós somos avaliados a todo momento, e o que faz as pessoas, muitas vezes, perderem o controle das situações, é não alimentar a persona adequada para o momento que vão viver e passar a agir de forma natural, em ambientes que não permitem isso.

EXEMPLO 1:

Um empresário que vai para uma reunião de negócios vestido com roupa de futebol.

EXEMPLO 2:

Alguns pais e mães que, por não entenderem a importância do seu papel como educadores, acabam adotando posturas e comportamentos semelhantes ao dos filhos, e com isso perdem a sua autoridade. E o mesmo acontece também com alguns professores.

É importante destacar que o professor deve alimentar uma persona de autoridade, respeito e credibilidade, para transmitir a seus alunos uma imagem que os identifique e diferencie no ambiente escolar. Sendo compreensivo e flexível quando possível, e firme e posicionado quando necessário.

E todos esses movimentos geram padrões de comportamentos. Veja a seguir.

ESCREVA AS APRENDIZAGENS QUE VOCÊ OBTEVE DESSE CONTEÚDO:

1.6 PADRÕES DE COMPORTAMENTO

Um padrão de comportamento é uma maneira de agir que SEMPRE se repete diante das mais variadas situações. Foi criado ou inserido numa pessoa a partir das suas experiências, fatos, significados ou emoções.

Os padrões podem ser tanto positivos como indesejados. São eles que determinam ações e decisões de uma pessoa e, consequentemente, interferem em seus resultados.Portanto, da mesma forma que um padrão de comportamento foi criado ele pode ser modificado, desde que a pessoa o identifique e possua o desejo de mudá-lo, para, assim, alterar resultados na sua vida.

As pessoas, em sua maioria, pensam que o mundo segue os padrões delas, quando, na verdade, cada um constrói o seu sistema de padrões, com base nas suas experiências, aprendizagens e modelos de excelência. Isso pode vir desde criança.

Observe alguns exemplos de padrões comportamentais: reclamar ou agradecer, ser tímido ou extrovertido, mentir ou falar a verdade, ser organizado ou desorganizado, pontual ou atrasado, ser positivo ou pessimista e também o padrão da desvalorização ou valorização do conhecimento, etc.

Segundo pesquisas, os três maiores influenciadores de um indivíduo na formação de seus padrões são pais, mães e professores.

Muitas vezes, as pessoas olham para uma criança ou adolescente e pensam que eles **"são"** assim, quando, de fato, ninguém **"é"**, apenas **"está"**. Em caso da percepção de padrões indesejados, o que precisa ser feito é quebrar os padrões.

Quais os caminhos para quebrar um padrão?

1º CORREÇÃO IMEDIATA:

Exemplo: Na sala de aula, um aluno age com ironia ou deboche em relação a outro colega. No mesmo instante, o professor deve chamar sua atenção em relação ao seu comportamento, mostrando para ele que esse comportamento não o está beneficiando em nada e ainda prejudicando o outro. E, talvez, até colocá-lo em uma situação de exposição, para que ele viva o impacto que está gerando na vida do outro, em uma posição sinérgica.

2º CONSCIÊNCIA:

Exemplo: Determinado profissional costuma sempre chegar atrasado ao seu local de trabalho, além de não cumprir prazos na entrega das suas tarefas. Esse padrão faz com que ele perca muitas oportunidades em sua vida. E quando esse comportamento é evidenciado e ele toma consciência dos resultados indesejados que isso vem ocasionando, ele tem a possibilidade de escolher mudar.

3º SURPREENDER:

Exemplo: Determinada turma de alunos é conhecida pelo padrão de geralmente "colar" nas provas e trabalhos, utilizando as mais variadas formas e estilos. Os professores costumavam chamar a atenção, retirar ou anular avaliações. Até que um professor decide fazer uma prova de múltipla escolha diferente para cada aluno, dificultando a aprovação. Outro professor, ao invés de entregar as folhas, anuncia que a prova será oral.

ESCREVA AS APRENDIZAGENS QUE VOCÊ OBTEVE DESSE CONTEÚDO:

1.7 CRITÉRIOS

Como cada pessoa tem seu próprio mapa, isto é, sua representação interna do mundo, cada um tem sua própria escala de valores e critérios.

As escolhas que fazemos em nossas vidas são baseadas em uma escala de critérios e valores. Aquilo que você utiliza para escolher ou definir algo chama-se critério.

Escolhemos nosso trabalho baseados em uma escala de critérios e valores: evolução pessoal, prazer, sucesso, administração, diversão, horário flexível, relacionamentos, remuneração, etc. Esses podem ser critérios mais ou menos importantes, conforme a hierarquia de valores da pessoa.

Escolhemos o carro que usamos da mesma forma, elencando critérios: desempenho, conforto, economia, linha, mecânica, preço, etc. Quais desses critérios são importantes para você?

Se um critério importante for negligenciado em uma escolha, é uma questão de tempo para surgir o arrependimento, em maior ou menor grau. Se para você a evolução pessoal é um critério importante e você se mantém empregado apenas pela remuneração, haverá problemas.

Se fizermos nossas escolhas baseadas em critérios, quando quisermos vender algo a alguém devemos, antes de tudo, conhecer quais são os critérios importantes para essa pessoa sobre o produto que ela quer comprar. Ou seja, o que a levaria a comprar?

Não adianta você salientar o baixo preço de uma mercadoria se o critério principal para a pessoa for qualidade. Saliente a qualidade e, somado a isso, o baixo preço.

Você pode estabelecer uma lista de critérios para definir seu trabalho, suas amizades, suas relações pessoais, suas prioridades, etc.

Fica bem mais fácil viver quando se tem clareza de seus próprios critérios. E também se torna muito mais fácil lidar com as pessoas se você souber atender aos critérios delas.

Contudo, algumas pessoas não atribuem valor a algo, porque na realidade nem fazem ideia de que um dia podem precisar. Por exemplo: qual o valor de um alfinete? Responda a essa pergunta antes de dar continuidade à leitura.

Agora, imagine que seu celular estragou e você consegue outro para substituí-lo rapidamente. Contudo, para que você tire o chip de um e o passe para o outro, você precisa abrir o compartimento do chip. Para isso, é necessário um alfinete daqueles bem fininhos, já que você tentou com um clipe, mas ele é muito grosso.

Você está em uma casa no meio do campo a 30 km do comércio mais próximo, e eu lhe digo que tenho um alfinete à venda. Qual o valor desse alfinete agora? Você poderia sugerir um valor?

Com esse exemplo, queremos que você perceba que existe a possibilidade de instigar um critério.

Muitas crianças não fazem ideia do valor do conhecimento abordado em sala de aula.

Neste mundo corrido, raramente os pais dedicam seu tempo para analisar o que o aluno está aprendendo em sala de aula e dialogar sobre a importância e aplicabilidade desse conhecimento na vida real.

ENTÃO EU LHE PERGUNTO: COMO PODE ALGUÉM VALORIZAR AQUILO QUE NÃO SABE QUE TERÁ VALOR?

Se eu lhe oferecesse o alfinete antes de você sair da cidade e ir para o meio do campo, você compraria?

Agora, se eu lhe dissesse que seu celular estava mostrando sinais de falha, que ele possivelmente pararia de funcionar nas próximas horas e que você precisaria de um alfinete para abrir o compartimento do chip, você compraria?

Se você conseguir mostrar realmente aos seus alunos o quanto o que você está ensinando hoje pode fazer a diferença em seu futuro e principalmente como isso poderá ser útil, você vai ampliar o interesse deles em suas aulas.

O escritor Dale Carnegie, um dos maiores comunicadores da história, disse que só existe uma fórmula para um homem fazer algo com vontade. Essa fórmula é: "se ele quiser".

O fato que os professores precisam entender é que os alunos não fazem nada pelos seus motivos, mas sim pelos motivos deles.

Cabe ao professor descobrir quais motivos levarão os alunos a quererem aprender em suas aulas. Qual é a sua motivação? Entendendo que **motivação** é uma energia interna que impulsiona uma pessoa a agir, fazendo com que ela se mova em direção a alcançar seus objetivos.

Podemos demonstrar assim:

MOTIVO + AÇÃO = MOTIVAÇÃO

Quando essa fórmula acontece na prática, fica mais fácil ensinar, gerar valor e despertar a vontade de aprender.

ESCREVA AS APRENDIZAGENS QUE VOCÊ OBTEVE DESSE CONTEÚDO:

1.8 NÍVEIS NEUROLÓGICOS

ALINHAMENTO DOS NÍVEIS NEUROLÓGICOS

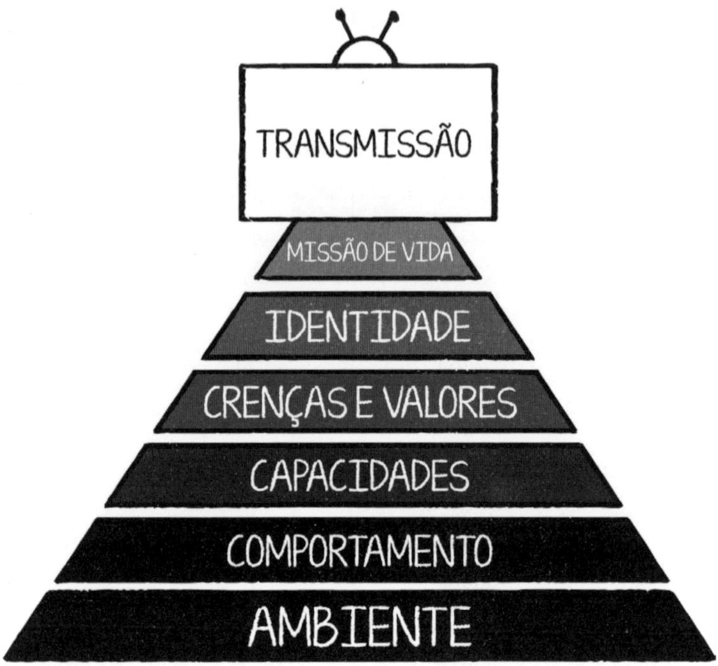

Em Programação Neurolinguística, existe uma ferramenta chamada de níveis neurológicos, que nos dá a visão de como o cérebro acomoda as nossas experiências, emoções, sentimentos, capacidades e significados. Explica como o ser humano age e os motivos pelos quais age. É assim que funciona a estrutura de pensamento em todas as pessoas.

Para facilitar a compreensão, os níveis estão organizados numa pirâmide, sendo que o ponto de partida é a base da pirâmide. Existem os níveis em que é possível trabalhar para que as mudanças aconteçam (como os que fazem parte da base) e níveis mais delicados que exigem atenção e conhecimento técnico (que são os do topo da pirâmide).

Para a utilização do professor, vamos falar aqui de quatro desses níveis: ambiente, comportamentos, capacidades e identidade.

O nível do **ambiente** representa os lugares onde a vida acontece, como a casa, a escola e a sala de aula, incluindo as pessoas com quem se convive. Os ambientes têm influência na vida das pessoas.

Existe o nível dos **comportamentos**, que representam as ações e reações de uma pessoa, ou seja, como ela se comporta nas mais variadas situações, incluindo todos os seus comportamentos positivos, impulsionadores para bons resultados e também todos os comportamentos que são indesejados e que prejudicam seus resultados na vida.

No nível das **capacidades**, encontram-se todas as habilidades de uma pessoa, aquilo que ela consegue realizar, sabe fazer ou aprende a fazer. Um exemplo é ler e escrever.

Existe o nível da **identidade**, que representa o que uma pessoa pensa sobre si mesma, quem ela **É**. Esse nível é composto pelas suas características de personalidade e de caráter, e também somam-se as crenças e valores que compõem a vida de alguém.

Como utilizar os níveis neurológicos no processo educativo?

O que precisa ser compreendido é que existem níveis para começar uma mudança ou uma solução de um problema. O professor deve buscar identificar em qual nível da pirâmide está a situação que busca resolver.

Para isso, começa da base dos níveis e vai subindo, conforme a necessidade. Inicialmente, busca identificar se o problema está no ambiente e, fazendo modificações no ambiente, terá uma resposta positiva. Em muitos casos, melhorar o ambiente já vai trazer a solução. Já em outros, não haverá como resolver um problema somente no ambiente, por exemplo, mudar o lugar onde o aluno mora. Daí passa-se para o próximo nível, que é o do comportamento.

E começa-se a identificar quais ações precisam ser feitas para mudar a forma como o aluno se comporta. Quais comportamentos indesejados que ele está manifestando precisam ser alterados?

Contudo, ao identificar um comportamento indesejado em um aluno, a primeira coisa que o professor precisa ter em mente são duas das Pressuposições Básicas da PNL:

- TODO COMPORTAMENTO TEM UMA INTENÇÃO POSITIVA.
- TODO COMPORTAMENTO FOI ÚTIL NO MOMENTO EM QUE FOI CRIADO.

Partindo daí, o professor começa a sua busca de informações para solucionar o problema.

Vamos dar um exemplo, para facilitar a compreensão.

Um aluno do 5º ano manifesta um comportamento de não querer fazer as tarefas que o professor propõe em sala de aula, não faz as atividades que vão para casa e na maioria das vezes não tem caderno. E, toda vez que é cobrado para fazer, reage com agressividade e diz que não vai fazer porque não quer.

Usando os níveis para entender e resolver o problema:

Começando no primeiro nível, busca-se entender o ambiente desse aluno. Em conversa com a família, o professor descobre que ninguém em casa o cobra para que faça as tarefas, a mãe e o pai estudaram só até a 4ª série e dizem que não sabem ajudar e, ainda, estão com dificuldades para poder comprar material escolar para ele.

Diante dessa realidade, o professor analisa o que pode fazer para melhorar o ambiente. E, como solução de parte do problema, já que não é possível mudar a família, conversa com a equipe diretiva da escola para conseguir o material escolar para o aluno.

A partir disso, passa para buscar as mudanças de comportamento em sala de aula, chama o aluno para uma conversa, diz que ele vai receber ajuda para fazer as atividades, coloca-o sentado próximo dele. Mas e se apesar dessas ações ele continua se negando a fazer todas as atividades?

Então, o professor sobe mais um nível, o das capacidades, para descobrir qual habilidade está faltando para esse aluno conseguir melhorar o comportamento. Nesse nível, ele identifica que o aluno tem muita dificuldade em matemática, não sabe a tabuada, e, por não saber fazer as atividades de matemática, acaba também não fazendo as das demais áreas.

Partindo daí, o professor pode encaminhá-lo para atividades de apoio pedagógico, e se a escola disponibilizar, realizar ações para suprir o déficit na aprendizagem. Ainda pode trabalhar no nível da identidade, fortalecendo crenças possibilitadoras, pois descobre que esse aluno tem a crença de que não é inteligente e que ninguém na família sabe matemática.

Identificado onde está o problema, é possível traçar as estratégias de ação para solucioná-lo no nível que ele se encontra. E, como estes níveis estão interconectados, por consequência, fazer mudanças em um nível provoca mudanças nos demais. Como no exemplo, trabalhar capacidades interferiu diretamente nos comportamentos e também na construção de novas crenças.

Este conhecimento se aplica à sala de aula e a diferentes situações do cotidiano.

ESCREVA AS APRENDIZAGENS QUE VOCÊ OBTEVE DESSE CONTEÚDO:

1.9 PLANEJAMENTO DA AÇÃO

Para que uma ação tenha efetividade e sucesso, é preciso antes de tudo definir aonde se quer chegar, ou seja, qual objetivo se quer alcançar com ela. Afinal, para quem não sabe aonde vai, qualquer caminho serve.

Após definir qual resultado final se deseja, o próximo passo é definir quais serão as ações e estratégias que levarão até lá. Este percurso percorrido desde o início, passando pelo desenvolvimento até a conclusão, chamamos de *planejamento*.

Dedicar tempo no planejamento para saber exatamente o que se deseja e pensar em cada passo da jornada é a garantia para obter o êxito.

Dentro do cenário da educação, o planejamento torna-se fundamental para garantir que a aprendizagem aconteça. E isso compreende desde o momento inicial, por exemplo, começar respondendo aos seguintes questionamentos:

- O que vou fazer para chamar a atenção dos meus alunos?
- Quais recursos serão utilizados para despertar o interesse e a curiosidade?
- Usarei metáfora, música ou outra forma de linguagem?
- Como saberei se alcancei o resultado desejado?

Dentro do planejamento, também devem ser pensados os possíveis erros. É uma atitude responsável ter sempre um “plano B” ou uma “carta na manga” para lançar mão caso seja necessário.

É importante lembrar que a caneta e o papel estão na mão do professor, para que este possa escrever sua história e deixar a sua marca registrada na vida de cada aluno que por ele passar. Para isso, é preciso a compreensão de que o momento da aula é de sua responsabilidade e uma oportunidade fantástica de desenvolver a arte de ensinar, encantar e envolver, desde que se prepare para isso!

De forma a contribuir para essa preparação e para que você alcance resultados extraordinários com seus alunos e com as demais relações no ambiente escolar, vamos disponibilizar agora uma sequência de ferramentas práticas, para serem utilizadas diariamente.

Se você for pai ou mãe, também pode utilizar essas mesmas técnicas. A única coisa que você precisará fazer é adaptá-las, pois a criança continua a mesma, só o que muda é o ambiente.

Quanto mais você praticá-las, mais elas se tornarão naturais, sendo inseridas na sua forma de agir. Assim, você terá resultados mais positivos em situações que antes pareciam difíceis de lidar, e que passarão a ser fáceis e simples. Esse é um dos pontos encantadores da PNL: a sua simplicidade em produzir resultados.

ESCREVA AS APRENDIZAGENS QUE VOCÊ OBTEVE DESSE CONTEÚDO:

1.10 TÉCNICA DA SINERGIA

Para explicar essa técnica, vamos contar um fato que aconteceu com o presidente Abraham Lincoln. Uma vez, Lincoln mandou seu general atacar o exército inimigo porque este estava em desvantagem.

O general recusou-se, e Lincoln ficou tão bravo que lhe escreveu uma carta muito agressiva. No entanto, essa carta nunca foi entregue. Anos mais tarde, a carta foi encontrada na sua sala, e ele foi questionado do porquê de nunca a ter entregado ao general.

Ele respondeu: "Porque se eu estivesse na mesma situação, vivendo a mesma realidade, tendo as mesmas experiências, com as mesmas dores que ele, agiria da mesma forma."

Muitas vezes, é preciso se colocar no lugar do outro, pois seríamos iguais a ele se tivéssemos tido as mesmas experiências, sido criados pelas mesmas pessoas, nos mesmos ambientes, no mesmo tempo e com os mesmos valores.

OBSERVAÇÃO IMPORTANTE:

Julgar uma pessoa, apenas com a intenção de criticá-la, é uma das piores coisas que um líder pode fazer. Agora, criticar uma pessoa, a fim de lhe trazer consciência sobre uma atitude, comportamento ou padrão ineficiente, pode ser considerado uma expansão de consciência, possibilitando ao sujeito realizar os ajustes comportamentais que julgar necessários em sua personalidade.

ESCREVA AS APRENDIZAGENS QUE VOCÊ OBTEVE DESSE CONTEÚDO:

I.II TÉCNICA PARA ESTABELECIMENTO DE CONFIANÇA

Você já observou duas pessoas que estão em "sintonia" conversando? Já percebeu que elas usam um mesmo ritmo, tom e volume de voz? E a postura corporal?

O estabelecimento de empatia chama-se em PNL de *rapport*. E é necessário para obtermos uma comunicação eficaz, criando uma atmosfera de confiança.

COMO SE DIVIDE A COMUNICAÇÃO?

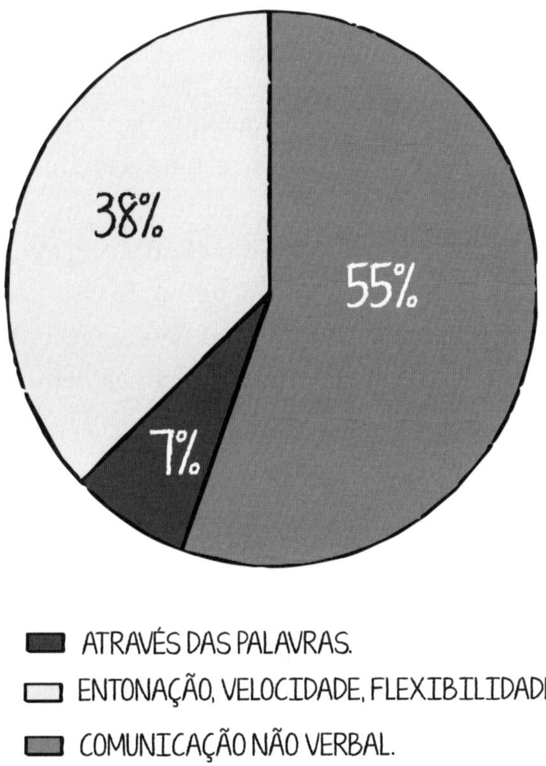

As palavras são responsáveis por 7% da nossa comunicação, a entonação da voz, por 38%, e a comunicação não verbal, corporal e facial, por 55% da mensagem.

Para estabelecer confiança, é preciso compreender melhor a pessoa, entendendo-a, respeitando seu mapa e sua forma de se relacionar e se comunicar com o mundo externo. Assim, a outra pessoa se sentirá mais segura e será mais participativa.

Isso se aplica dentro da realidade escolar diretamente no tratar com os alunos, pois quanto mais você se aproxima do mapa deles, sem invadi-lo, sobrepondo o seu formato de pensamento sobre o formato de pensamento deles, mais esses alunos se aproximarão de você.

A confiança é um pré-requisito para uma comunicação eficaz. Então, antes de começar qualquer ação com uma pessoa ou uma turma, você precisa estabelecer sinergia com eles. Precisa ter flexibilidade suficiente para ser capaz de entrar, de alguma maneira, na realidade do outro, aproximando a linguagem, as expressões, encontrando assuntos em comum. Quando você faz isso, o outro se sente reconhecido e estará disposto a engajar com você de uma maneira cooperativa e harmoniosa.

ESCREVA AS APRENDIZAGENS QUE VOCÊ OBTEVE DESSE CONTEÚDO:

1.12 TÉCNICA DA DIFERENCIAÇÃO

A técnica da diferenciação serve para ajudar as pessoas a identificarem diferenças significativas entre distintas experiências ou situações, isto é, distinguir bem uma coisa da outra.

Para que você possa fazer isso, a diferença deve ser perceptível e significativa, permitindo uma melhor compreensão ou até mesmo facilitando uma escolha. Contudo, você deve marcá-la de uma forma extremamente clara.

EXEMPLOS:

- É hora de dormir, coloque o pijama e desligue as luzes!
- É hora de prestar atenção, silêncio e concentração!
- É hora de descansar, conversar e descontrair!

Na educação infantil, a diferenciação entre os momentos da aula já é uma prática natural. Contudo, nas demais etapas, ela também pode ser utilizada para marcar diferentes momentos e situações. Talvez utilizando uma campainha, apito ou música para diferenciar os momentos.

ESCREVA AS APRENDIZAGENS QUE VOCÊ OBTEVE DESSE CONTEÚDO:

1.13 TÉCNICA "DÊ UM BOM NOME AO SEU CACHORRO"

Esta técnica consiste em atribuir características a uma pessoa ou a uma turma, para que desenvolvam orgulho de si mesmas e a partir desse momento tenham que sustentá-las.

Observe a seguinte situação: Uma professora tinha em sua classe um aluno que apresentava problemas comportamentais. Depois de várias tentativas de chamá-lo à atenção, ela resolveu chamar seus pais. Contudo, surpreendentemente, ao se reunir com os pais, ela disse:

"Gostaria de parabenizá-los pelo excelente filho que criaram. Ele é um aluno super aplicado, um dos poucos que sabe exatamente o momento de estudar e o momento de brincar. É muito prestativo, está sempre se oferecendo para ajudar a arrumar a sala de aula, enquanto os demais normalmente saem correndo. Além disso, semana que vem é a semana de provas, e tenho certeza de que atingirá uma das melhores notas da classe."

A professora encerrou a reunião com a seguinte frase:

"Daqui a duas semanas nos veremos para apresentar-lhes o resultado de seu filho!"

Assim como essa professora teve a sabedoria para conduzir a situação do aluno da melhor forma, presenciamos frequentemente pessoas que, por não saberem o poder das suas palavras, acabam prejudicando as crianças e inserindo comportamentos indesejados sem perceber, como o comportamento da timidez ou o da teimosia, que são muito comuns. Isso acontece quando afirmamos comportamentos que de fato não compõem a identidade de uma criança, mas que acabam se tornando reais, pela repetição da afirmação.

EXEMPLO 1:

Imagine um aluno na sala que se opõe à professora e é rotulado de teimoso.

Usando a técnica aqui sugerida, ao invés de ficar reafirmando que o aluno é teimoso toda vez que este demonstra a contrariedade, a professora poderia dizer que ele tem potencial para ser um ótimo líder, desde que utilize a capacidade de se posicionar, de forma madura. Se a professora continuar repetindo que ele é teimoso, esse comportamento irá se fortalecer, piorando a situação.

EXEMPLO 2:

Aqui vamos abordar uma situação que acontece com bastante frequência. Os pais chegam em algum lugar com filhos pequenos, vão cumprimentar alguém e a criança demonstra não querer fazer o mesmo, ou se nega, escondendo-se atrás da mãe ou do pai. A reação mais comum é que imediatamente os pais justifiquem dizendo “ele é tímido”, “ele é envergonhado”, ao invés de falar para a criança que ela é educada e que deve cumprimentar as pessoas, assim como a mãe ou o pai fazem.

É importante explicar para a criança que se a mãe ou o pai estiverem junto e cumprimentarem determinada pessoa, ela pode fazer o mesmo, pois cumprimentar é básico. Não significa que a criança terá que fazer isso com todas as pessoas que encontrar na rua, mas deverá aprender a interagir com aquelas que de alguma forma fazem parte do convívio da família, como os amigos, colegas de trabalho ou um parente que veio fazer uma visita.

Vocês já notaram a quantidade de crianças e adolescentes com problema de socialização em nossa sociedade hoje? Por esse número ser expressivo, estamos fazendo questão de detalhar bem esse assunto para pais e professores.

Perceba a dificuldade que muitos adolescentes têm de cultivar relacionamentos saudáveis e construtivos e comunicar-se em ambientes sociais; alguns, inclusive, desenvolvem problemas posturais devido à timidez excessiva.

Infelizmente, quando olhamos para esse problema com uma visão macro, ou seja, com uma visão ampla, é possível notar de forma clara que a maior parte desses adolescentes está prejudicando a sua vida de forma inconsciente, movidos por um comportamento que foi inserido em sua identidade logo na infância.

Isso geralmente acontece da seguinte maneira: a fim de evitar uma correção comportamental em público e com a intenção de evitar constrangimentos, os pais, ao invés de ensinarem os filhos a simplesmente cumprimentar as pessoas nos mais variados ambientes, acabam cedendo ao comportamento indesejado da criança com a justificativa da timidez, não tendo consciência dos prejuízos futuros na vida dela.

É importante que os pais tenham consciência de que uma criança não tem discernimento para definir o que é melhor fazer ou não fazer. Sendo assim, ela escolherá o que é mais confortável para ela no momento. Contudo, a zona de conforto pode gerar danos irreversíveis, incluindo adoecimentos emocionais, que impactarão o seu futuro.

Sendo assim, aprenda desde já que o processo de birra é normal nos primeiros anos de vida, e cabe a você, como educador, conduzir a criança da melhor forma, pensando no futuro dela e não na satisfação imediata. Afinal, ela ainda não tem visão para enxergar os impactos das suas ações ou inações no seu futuro.

Por fim, reforçamos aos pais e professores que, se quiserem que uma criança tenha comportamentos positivos, comecem a descrevê-la como possuidora desses comportamentos desde o início da vida. Lembre-se, o "nome" com que você descreve uma criança será o mesmo que você verá manifestado nas atitudes dela ao longo da vida.

ESCREVA AS APRENDIZAGENS QUE VOCÊ OBTEVE DESSE CONTEÚDO:

1.14 TÉCNICA DA CRÍTICA POR ESPELHAMENTO

Esta técnica consiste em criticar algo ou alguém que esteja vivendo a mesma situação da pessoa ou do grupo com que vai se relacionar, bem no início do processo, para prevenir que a mesma situação se repita.

EXEMPLO 1:

"Ainda bem que eu cheguei na turma de vocês, pois na turma passada tive que mandar dois para a direção."

EXEMPLO 2:

"Sei que vocês são inteligentes e não vão precisar passar por isso. Hoje pela manhã, quando fui aplicar essa mesma prova em outra escola, tive que dar zero para duas meninas que estavam tentando colar. Só porque eu estava de cabeça baixa na minha mesa, elas pensavam que eu não veria."

Essa simples técnica é capaz de evitar conflitos gigantescos dentro do ambiente escolar, intervindo no problema antes que ele aconteça. O normal do ser humano, ao receber uma crítica, é defender-se; no entanto, se for feita de forma indireta, ela se torna indefensável.

ESCREVA AS APRENDIZAGENS QUE VOCÊ OBTEVE DESSE CONTEÚDO:

1.15 TÉCNICA DA EDIFICAÇÃO E TRANSFERÊNCIA DE CREDIBILIDADE

Essa é uma das técnicas mais fantásticas para transferência de poder pessoal. Ela consiste em transferir respeito, confiança e credibilidade dentro de uma instituição para outra pessoa através de manifestação verbal pública.

EXEMPLO 1:

A diretora de uma escola vai mudar de cidade e será transferida para outra escola. Ela trabalha nessa escola há muitos anos, conhece bem a sua comunidade escolar e está na direção por dois mandatos consecutivos. Desejando que a sua substituta fosse bem aceita pela equipe de trabalho, pais e alunos, chamou a comunidade escolar para uma reunião. Nessa reunião, fez um breve discurso:

"O objetivo dessa reunião é simples, mas de muito valor para mim. Depois de muitos anos nesta escola, vou assumir outra, porque vou me mudar de cidade. E, de tudo que deixo para trás, do que mais sentirei saudades é o convívio com esta comunidade escolar tão acolhedora. Sem sombra de dúvida, esta é uma escola diferenciada, com professores muitos competentes e pais participativos. Quero deixar registrado publicamente que estou muito feliz por saber que serei substituída por alguém melhor do que eu, com mais conhecimento, experiência e que, com certeza, vai valorizar vocês como eu sempre valorizei, pois é uma pessoa comprometida com a educação."

Como essa transferência de credibilidade pode afetar o dia a dia de vocês na Escola?

A equipe diretiva edificando seus professores e os professores edificando a equipe diretiva, fazendo a transferência da credibilidade.

EXEMPLO 2:

Napoleon Hill, um estudioso sobre sucesso e com vinte e cinco anos de pesquisa, foi questionado:

"Qual comportamento leva uma pessoa a chegar à liderança mais rápido?"

Ele respondeu:

"Valorizar o seu líder. Pois aquele que valoriza seu líder aprende a ser líder mais rápido."

Perguntaram a um grande líder: "O que o transformou num líder?" Ele respondeu: "Valorizar minha equipe."

Às vezes, a pessoa não está no melhor cenário ou naquele que desejaria estar. Contudo, se as pessoas não souberem edificar umas às outras, ambas vão perdendo o seu valor perante os alunos, os pais e a sociedade.

Quando tiver que criticar, faça isso da forma mais discreta possível. Quando tiver que elogiar alguém, fale bem, o mais alto possível. Grite aos quatro ventos para que a pessoa que receber o elogio possa se orgulhar disso.

Cabe aqui também uma reflexão que se faz muito necessária quando estamos falando do universo das escolas. Além de edificar as pessoas, é fundamental construir uma boa imagem do local em que estou trabalhando.

Como pode alguém trabalhar numa escola todos os dias e fortalecer rótulos negativos em relação a ela, repetindo comentários como: "A escola X é uma bagunça", "só trabalho nessa escola porque sou obrigado" ou, ainda, "essa escola sempre foi assim, com uma realidade difícil de lidar."

Como pode alguém deixar se perpetuar uma imagem negativa da sua escola, fazendo parte dela, sendo responsável por trabalhar nela?

Se falo mal da minha escola, da comunidade em que ela está inserida e dos meus alunos, como vou ter credibilidade no meu trabalho?

GRAVE ESTE APRENDIZADO NA SUA MENTE: A FERRAMENTA QUE PERPETUA TUDO ISSO OU TRANSFORMA A REALIDADE É: MAIS AMOR OU MENOS AMOR.

Por essa razão, quando tentado a criticar ou a falar mal de alguém, morda a sua língua!

Assim como existe a edificação sobre o ambiente da escola e seus profissionais, também deve se utilizar a edificação com o grupo dos alunos. Ficar fortalecendo rótulos negativos em relação aos alunos, além de não resolver o problema, ainda o fortalece.

Existem alunos que acabam se tornando tão "famosos" na escola que sua fama chega antes deles na turma. Por exemplo, o caso de uma professora que falou para todos os alunos da sua turma, antes da chegada de uma nova aluna, que eles deveriam se comportar e não conversar com ela, pois é agitada e não presta atenção à aula. Ao invés disso, poderia ter dito: "Vamos receber bem a colega nova, porque ela vem para a melhor turma da escola e nossa escola acolhe bem todos os alunos".

ESCREVA AS APRENDIZAGENS QUE VOCÊ OBTEVE DESSE CONTEÚDO:

1.16 SEJA INTERESSADO E NÃO INTERESSANTE

As pessoas nos valorizam por perceberem o quanto podemos contribuir para que elas atinjam seus objetivos, independentemente da área da vida. Pode ser numa relação comercial, profissional, amorosa ou até mesmo numa relação de amizade.

Contudo, a maioria das pessoas passa a vida buscando ser interessante, ao invés de se interessar genuinamente pelo outro.

Um exemplo disso foi um fato que aconteceu com Theodore Roosevelt. Certo dia, após ter assumido a presidência dos Estados Unidos, durante um café da manhã, ele foi cumprimentar as pessoas. Começou a dar bom dia e formou-se uma fila para cumprimentá-lo. Ele falava para todas as pessoas a mesma frase: "Bom dia! Muito prazer! Hoje eu matei minha sogra!"

Apenas a 8ª pessoa que ele cumprimentou se deu conta do que ele falava, pois todas as outras estavam mais preocupadas em falar o seu próprio nome do que ouvir o que ele tinha a dizer em sua saudação.

O plantio é opcional, mas a colheita é obrigatória. Se você não se interessar pelas pessoas, receberá a mesma falta de interesse como retribuição.

Como pode uma pessoa valorizar você, quando você não a valoriza, não se mostra interessado em ouvir com atenção o que ela tem a dizer e, muitas vezes, não sabe nem o nome dela.

ESCREVA AS APRENDIZAGENS QUE VOCÊ OBTEVE DESSE CONTEÚDO:

1.17 TÉCNICAS DE FEEDBACK

Feedback significa dar retorno ou resposta a alguém sobre uma ação, um comportamento ou acontecimento.

Para que o feedback seja assertivo, ele não deve ser uma crítica que coloque a pessoa na defensiva, mas sim que a leve a ter consciência das suas ações, estimulando-a a buscar as soluções para melhorar, se for o caso.

Existem algumas técnicas de feedback que possibilitam isso. São elas:

1.17.1 FEEDBACK SANDUÍCHE

Vamos utilizar um exemplo de escola para explicar essa técnica. Se você quer que o aluno melhore, comece o feedback com os pontos positivos: assim haverá mais chances de ele aceitar a mudança, porque se tornará muito mais receptivo a uma crítica após receber um elogio.

O propósito e a intenção do feedback é possibilitar e permitir que o aluno aprenda e cresça como pessoa. Para isso, utilize a técnica de feedback sanduíche:

1. Destaque seus pontos positivos.
2. Mostre os pontos a serem melhorados.
3. Questione como ele pode melhorar dentro das suas condições.
4. Conclua com palavras de encorajamento.

Observação: É proibido dar sugestões, pois estas utilizarão as suas capacidades (mapa) e não as do sujeito.

EXEMPLO PASSO A PASSO:

1º "Fulano, percebo que você é um aluno inteligente, tem facilidade de se relacionar com os colegas."

2º "Penso que você poderia ser mais pontual, pois todos os dias está chegando atrasado no primeiro período."

3º "O que você pode fazer para melhorar esse aspecto e chegar no horário?"

4º "Eu tenho certeza de que com um pouco de organização do seu tempo em casa você vai conseguir corrigir esse problema, porque você é esforçado!"

"Eu confio em você! Tenho certeza que você vai conseguir!"

1.17.2 FEEDBACK NOS NÍVEIS NEUROLÓGICOS

Elogiar na identidade e criticar no comportamento.

Ao dar feedback, além de seguir os passos anteriormente citados, é importante levar em conta os níveis neurológicos. Como já dissemos, existem os níveis em que é possível trabalhar para que as mudanças aconteçam, e níveis mais delicados que exigem atenção e mais conhecimento.

No nível da identidade, onde estão as crenças e valores que compõem a vida de uma pessoa, é preciso tomar cuidado para não fazer críticas de comportamentos, como se estes fizessem parte da identidade dessa pessoa.

EXEMPLO:

Uma criança deixa cair uma xícara de café no chão, e alguém diz: "Olha só o que você fez! Você **é** um desatento!", como se ela possuísse na sua identidade esse comportamento.

A criança não é desatenta, ela simplesmente derrubou a xícara. O feedback deveria ser: "Você cometeu um ato de desatenção, derrubou a xícara. Você é uma criança tão inteligente; na próxima vez que for levar a xícara à pia, tenha mais cuidado. Vamos limpar isso?"

Portanto, dê feedbacks positivos na identidade, fortalecendo crenças de capacidade, de possibilidade, de valores e atitudes positivas. Quando for fazer críticas, dirija-se ao nível do comportamento específico.

ESCREVA AS APRENDIZAGENS QUE VOCÊ OBTEVE DESSE CONTEÚDO:

1.18 SISTEMAS REPRESENTACIONAIS

As informações que temos em nosso cérebro, vindas do mundo externo, chegam até ele através dos órgãos dos sentidos: visão, audição, olfato, paladar e tato.

A PNL agrupa isso em três sistemas representacionais: visual, auditivo e cinestésico.

VISUAL:

Todas as informações são percebidas através da visão.

AUDITIVO:

Todas as informações são percebidas pela audição.

CINESTÉSICO:

Todas as informações são percebidas através do tato, olfato, paladar e das sensações.

É através desses três canais que as pessoas formam o seu mapa e a sua forma de entender o mundo.

O mundo externo é processado em nosso cérebro, e a partir daí fazemos a nossa representação interna dele.

As pessoas também se comunicam através destes canais, sendo que, em determinadas situações, um pode ser o preferencial. Com exceção de uma pessoa que não possui algum desses canais, como alguém surdo ou cego.

Uma coisa importante é que, por mais que você utilize um dos três canais como preferencial, você não **é** esse canal, e sim **está** o utilizando no momento.

Se as pessoas trabalham preferencialmente em um dos sistemas representacionais, podemos encontrar três pessoas descrevendo o mesmo discurso das formas a seguir:

1. As palavras do orador foram bastante CLARAS, em nenhum momento ele perdeu o FOCO e ILUSTROU a palestra de forma BRILHANTE e COLORIDA. (VISUAL)

2. O orador parecia estar em SINTONIA com o público, seu discurso tinha HARMONIA e seguiu em um bom RITMO. Às vezes era rápido como um ESTALO, mas tudo era de bom TOM. (AUDITIVO)

3. O orador era QUENTE. Sua palestra CORREU DOCE e SUAVE. Conseguiu PEGAR o público, eliminando bloqueios, sempre de forma VIBRANTE. Enfim, foi GOSTOSO. (CINESTÉSICO)

A maneira para detectar qual sistema representacional uma pessoa usa conscientemente é escutar sua linguagem e perceber as expressões verbais que mais utiliza.

Usar palavras do sistema representacional preferencial do aluno é uma maneira eficiente de estabelecer sintonia, apresentando a informação do jeito que ele normalmente usa para se expressar, sem fazer esforço para uma tradução interna mais próxima da sua própria maneira de pensar.

Existem algumas palavras que você pode utilizar para identificar o canal representacional predominante que a outra pessoa está utilizando no momento.

Na tabela abaixo, perceba exemplos de palavras que você pode utilizar. Temos um campo de palavras descritas como indiferentes. Estas podem ser usadas para permitir que o sujeito escolha o canal de sua preferência.

SISTEMAS REPRESENTACIONAIS

VISUAL	AUDITIVO
claro	harmonia
negro	estalo
escuro	ritmo
foco	volume
nítido	murmúrio
tamanho	sintonia
colorido	ecoar
brilhante	soar
horizonte	cantar
ponto de vista	sussurrar
revelar	ouvir
ver	alarme
cristalino	ressonância

CINESTÉSICO	INDIFERENTE
quente	aprender
frio	captar
doce	detalhe
pesado	distrair
vibrante	entender
leve	estimular
suave	estudar
tocar	intuição
bloqueio	orientar
obstáculo	pensar
gostoso	perceber
pegar	relacionar
sacar	solução
equilíbrio	saída

ESCREVA AS APRENDIZAGENS QUE VOCÊ OBTEVE DESSE CONTEÚDO:

1.19 LINGUAGEM METAFÓRICA

As metáforas são ferramentas importantes na educação. Desde os primórdios da humanidade se utilizavam os contos, as parábolas e as metáforas para ensinar às gerações mais jovens as histórias do seu povo e dos antepassados míticos e heroicos.

A linguagem metafórica certamente constitui uma das mais poderosas ferramentas dos grandes oradores, professores, treinadores e pais, pois comunica indiretamente, através de um processo de linguagem que consiste em fazer analogias, isto é, fazer comparações, estabelecendo semelhanças. Por exemplo: "seu sorriso é um raio de sol", "forte como um leão", "ele tem coração de pedra", "lágrimas de crocodilo"...

Metáforas simples fazem comparações. Metáforas complexas são histórias com diversos níveis de significado que possibilitam a aprendizagem, a construção do conhecimento, mudanças comportamentais e a formação de valores.

EXEMPLO 1:

Uma menina estava muito preocupada com a situação do sobrepeso de seu pai. Sem saber como falar com ele sobre esse assunto, leu uma notícia que buscou na internet, que dizia: "Pais abandonam seus filhos pelos maus hábitos alimentares. Uma pesquisa realizada recentemente constatou que homens entre 50 e 70 anos têm abandonado suas famílias devido ao infarto, causado pelo sobrepeso e por não adotarem hábitos saudáveis." Assim, seu pai ganhou consciência do que estava fazendo com sua saúde e buscou ajuda para uma reeducação alimentar e desenvolvimento de hábitos saudáveis.

EXEMPLO 2:

A ESCOLA DOS ANIMAIS.

Era uma vez um grupo de animais que queriam fazer alguma coisa para resolver os problemas do mundo. Para isso, eles decidiram construir uma escola!

A escola dos animais estabeleceu um currículo único que incluía correr, subir em árvores e montanhas e nadar e voar. Para facilitar as coisas, ficou decidido que todos os animais fariam todas as disciplinas.

O pato era ótimo em natação! Mas reprovou na corrida. Por causa de suas deficiências, ele precisou ter aulas extras de corrida. Isso fez com que seus pés de pato ficassem muito doloridos, e o pato já não era mais tão bom nadador como antes.

O coelho era o aluno nota 10 em corrida. Era de longe o melhor corredor, até melhor que o professor. Mas começou a ter câimbras nas pernas de tanto tentar aprender natação. Com tanto esforço, ele tinha dores constantes nas suas pernas, e acabou ficando fraco em corrida. Mas estava passando de ano, e este aspecto de sua formação não estava preocupando a ninguém — a não ser ao coelho!

O esquilo era excelente em subida de árvore, mas enfrentava problemas constantes na aula de voo, porque o professor insistia que ele precisava decolar do chão e não de cima de um galho alto.

A águia insistia em causar problemas, pela sua rebeldia em questionar a autoridade. Nas provas de subida de árvores era invencível, mas insistia sempre em chegar lá da sua maneira... Encantava nos céus, mas na natação deixou muito a desejar e também foi fraca na corrida a pé.

Ao fim do ano, nenhum dos animais conseguiu aprovação em todas as disciplinas, e a escola precisou repensar o seu currículo.

(*A escola dos animais* — *adaptação*)

ESCREVA AS APRENDIZAGENS QUE VOCÊ OBTEVE DESSE CONTEÚDO:

1.20 TÉCNICA DE CERTIFICAÇÃO DA COMUNICAÇÃO

O importante não é só transmitir o conhecimento, mas sim questionar se o aluno realmente compreendeu o que foi transmitido.

Para conferir se os alunos compreenderam uma explicação ou comando, muitas vezes costuma-se dizer:

"VOCÊS ENTENDERAM, PESSOAL?"
"QUEM NÃO ENTENDEU, LEVANTA A MÃO!"

Porém, no primeiro questionamento, tendemos a receber uma resposta positiva. Contudo, a questão é descobrir o que eles entenderam de fato. Já na segunda pergunta do exemplo, mesmo que alguns não tenham entendido, na maioria das vezes não levantarão a mão, demonstrando o maior medo da humanidade, que é o da exposição. Expor-se já é uma grande dificuldade, imagina expor-se para dizer que não sabe algo, na posição de quem teve dificuldade de compreensão.

No entanto, para certificar se houve a real compreensão, basta fazer a seguinte pergunta específica:

"O QUE VOCÊ ENTENDEU DO QUE EU ACABEI DE FALAR?"

ESCREVA AS APRENDIZAGENS QUE VOCÊ OBTEVE DESSE CONTEÚDO:

1.21 COMUNICAÇÃO ESPECÍFICA

Um dos motivos que mais prejudica a comunicação das pessoas é o fato de elas pensarem que estão falando de forma específica, quando na verdade estão sendo inespecíficas.

Para identificar quais informações estão omissas, generalizadas ou distorcidas na comunicação, faça algumas **perguntas** para torná-las específicas, como nos exemplos a seguir:

1. ELES NÃO PRESTARAM ATENÇÃO QUANDO FALEI!

Quem especificamente não prestou atenção?

O Fulaninho, ele não para!

Perceba que, antes da pergunta, a afirmação era de que todos os alunos não tinham prestado atenção. Depois do questionamento, acaba a generalização e identifica-se exatamente o sujeito ao qual está se referindo.

2. EU QUERO TE AJUDAR!

Como exatamente você vai ajudar?

Revisando o conteúdo novamente.

Nessa situação, a pergunta serve para especificar a maneira como a ação vai ser feita, de forma específica.

3. O COMPORTAMENTO DELE FOI INADEQUADO.

Comparado com o quê?

Comparado com o tipo de comportamento que se esperava.

4. APRENDER TABUADA É FÁCIL.

Comparado com o que especificamente?

Em relação a quê?

Comparado a correr uma maratona.

As perguntas utilizadas nas situações 3 e 4 servem para quando alguém fizer alguma comparação. Lembre-se de questionar quais as referências em que se baseia, pois não são os fatos em si, mas sim significados e interpretações, ou seja, o "mapa" de alguém.

5. É ÓBVIO QUE É MELHOR ESTUDAR PORTUGUÊS DO QUE MATEMÁTICA.

Na opinião de quem?

De quem tem facilidade em Português.

6. APRENDER É DIFÍCIL E LENTO.

De que maneira aprender é difícil e lento?

Através de áudios.

Para as situações 5 e 6, as perguntas são um alerta. Tome muito cuidado para não aceitar afirmações pessoais, como se fossem comuns para todas as pessoas de uma turma. Quando um aluno fizer uma afirmação generalizada, questione-o, para que ele tenha consciência se realmente concorda com o que está falando ou se apenas está repetindo crenças de outras pessoas.

7. TENHO QUE BEBER COM MEUS AMIGOS.

E o que aconteceria se você não bebesse com eles?

Eles deixariam de ser meus amigos.

Perceba que nesta afirmação o adolescente está ligando o valor de uma amizade ao hábito de beber, de forma absolutamente imatura, por não ter a consciência do que significa uma verdadeira amizade.

8. GOSTARIA DE APRENDER A DESENHAR.

O que te impede de fazer isso?
Eu não tenho o dom.

Perceba que nessa afirmação está se colocando uma limitação que existe apenas dentro da cabeça da pessoa. Pois desenhar é uma habilidade que qualquer pessoa com estudo, técnica e dedicação pode aprender.

9. ELE NUNCA CHEGA NA HORA. ELA SEMPRE SE ATRASA.

Nunca, nunca chegou na hora?
Sempre se atrasa?

É muito comum na comunicação do dia a dia as pessoas fazerem afirmações exageradas sobre os fatos e situações, usando as expressões **sempre** ou **nunca**. Quando questionadas, também com exagero, acabam se dando conta de que estavam se referindo a uma situação específica.

10. ELE NÃO GOSTA DE MIM, NÃO FEZ A TAREFA QUE PEDI.

Por que o fato de ele não entregar a tarefa significa que ele não gosta de você?
Ele não copia a matéria, não aprende nada.

Perceba que nesta afirmação o sujeito está ligando duas situações desconexas, como se uma refletisse a outra. Ao fazer o questionamento sobre a ligação estabelecida, a pessoa reflete que não existe, de fato, nenhuma relação que possa justificar.

II. OS ALUNOS NÃO TÊM INTERESSE EM APRENDER.

Como você sabe o que os outros pensam?

Fazer leitura mental é um dos maiores erros na comunicação. Se quiser saber algo, pergunte!

ESCREVA AS APRENDIZAGENS QUE VOCÊ OBTEVE DESSE CONTEÚDO:

1.22 COMUNICAÇÃO INESPECÍFICA

A comunicação também pode ser inespecífica e vaga quando o objetivo for conduzir o sujeito para sua realidade, acessando os seus próprios recursos.

A linguagem inespecífica permite que cada pessoa direcione sua atenção e seus pensamentos para o que está sendo comunicado, de forma sutil, indireta e sem questionamentos por parte do consciente.

Esse é um formato de comunicação respeitoso, pois não invade o mapa do outro, contudo, é uma linguagem que possui enorme capacidade de persuasão.

Observe os exemplos a seguir:

1. "Eu não lhe diria para anotar esse conteúdo, porque você já sabe que vai cair na prova, e é inteligente o suficiente para fazer por conta própria."

De qualquer forma já se está dizendo, mas a negativa inicial quebra a resistência.

2. "Eu poderia lhe dizer que o cuidado com a alimentação é fundamental para a saúde, mas prefiro que você descubra isso sozinho."

"Eu poderia dizer para que você avalie as suas amizades, mas penso que você tem capacidade e inteligência para perceber essa necessidade."

Elimina objeções, já que se está apenas comunicando o que pode fazer, sem ser um comando direto.

3. "Mais cedo ou mais tarde, você vai perceber as vantagens de se esforçar para vencer as dificuldades."

"Agora ou daqui a 10 anos, você vai perceber a importância que o estudo tem para a construção de uma vida mais próspera e feliz."
Afirma-se indiretamente que a ação vai acontecer de qualquer forma, que é inevitável.

4. "Estou me perguntando se neste conteúdo é melhor fazer o trabalho de pesquisa em grupo ou individual."
"Fico me perguntando se vou aplicar a prova em duplas ou individual com consulta."
A expressão **ou** significa que existe uma opção. Mas a informação de que tarefa vai ser feita foi passada.

5. "Dizia meu avô que assim que ganhamos uma tarefa temos que fazê-la o mais rápido possível, para não ficar sofrendo com a falta de tempo."
"Dizia minha mãe: 'antes só do que mal acompanhado'."
Transmite a sua mensagem através de outra pessoa.

6. "Disseram-me uma vez..."
"Li num livro..."
"Contaram-me uma história que dizia..."
Transmite a sua mensagem através de outra pessoa, enriquecida com a linguagem metafórica.

7. "Sem sombra de dúvida, essa escola tem os professores mais dedicados da cidade."
"Indiscutivelmente, eu tenho os alunos mais esforçados da escola."

Expressões como *certamente*, *obviamente*, *indiscutivelmente*, *felizmente*, etc., fazem pressupor que a afirmação é verdadeira.

8. "Você pode se colocar alguns instantes no meu lugar, não pode?"

"Você pode parar de conversar por alguns instantes, não pode?"

O "não pode" no fim suaviza o comando.

9. "Vocês provavelmente já sabem como devem se comportar na prova; nem preciso falar do silêncio e que cada um faz a sua."

"Vocês provavelmente já sabem que sexta-feira é o dia da aula de Educação Física, não preciso lembrar de trazer outra camiseta."

Uma forma elegante de reforçar um comando indireto.

10. "Estou curioso para saber o que você achou da evolução do seu filho."

"Estou curioso para saber o que você descobriu na sua pesquisa."

É uma forma indireta de fazer perguntas.

ESCREVA AS APRENDIZAGENS QUE VOCÊ OBTEVE DESSE CONTEÚDO:

1.23 FILOSOFIA KAIZEN

Kaizen é uma palavra japonesa que significa "melhora contínua". Passou a ser adotada pelos japoneses como uma filosofia que consiste em um processo de melhoria constante na vida, seja na área pessoal, familiar, profissional ou social.

O princípio em que se baseia esta filosofia é:

HOJE MELHOR DO QUE ONTEM.
AMANHÃ MELHOR DO QUE HOJE.

Kaizen foi a filosofia que reergueu o Japão após a Segunda Guerra Mundial. Graças a essa filosofia, os japoneses ocupam hoje a posição de terceira maior economia do mundo.

A filosofia Kaizen permite que uma pessoa potencialize o que tem de bom e também que utilize o esforço contínuo para melhorar aqueles pontos que precisam ser aperfeiçoados. Ajuda a desenvolver novas habilidades, construir novos resultados e transformar a realidade à sua volta.

Além de ser uma filosofia, Kaizen também pode ser uma programação mental, que vai fazer toda a diferença na vida das pessoas. Depois de desenvolver essa mentalidade nas crianças, nos pais e educadores, fica muito mais fácil engajá-los em prol de objetivos comuns.

Se no processo educacional, no dia a dia da sala de aula, for adotada a filosofia Kaizen, teremos uma realidade totalmente diferente nas escolas. Teremos uma geração de alunos mais preparados para a vida, porque através do esforço diário aprenderão que não existe dificuldade que não seja superada, que podem realizar todos os seus sonhos e que não são as suas condições de hoje, mas as suas escolhas que irão determinar o seu futuro.

Essa filosofia ainda ajudará os professores a serem mais eficazes na sua prática pedagógica, pois, compreendendo que todas as mudanças começam com um passo de cada vez, seguidos de persistência e consistência, realmente farão a diferença na vida dos seus alunos e da sua comunidade.

Para isso, coloque em prática esses princípios:

- Feito é melhor que perfeito;
- Coloque o avião no ar e depois vá ajustando;
- Cada um faz o melhor que pode considerando o contexto e os recursos disponíveis no momento.

ESCREVA AS APRENDIZAGENS QUE VOCÊ OBTEVE DESSE CONTEÚDO:

Capítulo Dois

PNL NA EDUCAÇÃO DOS FILHOS:

ESTRATÉGIAS E FERRAMENTAS QUE TRANSFORMAM

2.1 COMUNICANDO DE FORMA ASSERTIVA

Dentro da PNL — Programação Neurolinguística, entendemos que a comunicação não é um dom, mas sim uma habilidade a ser desenvolvida. E existem técnicas, ferramentas e recursos para que esse desenvolvimento aconteça de forma assertiva e eficiente.

Trata-se da compreensão de que não é a outra pessoa que deve entender o que estou dizendo, e sim de que você precisa se comunicar de forma a se fazer ser compreendido.

Se deseja que uma pessoa responda de forma adequada àquilo que você está falando, precisa se comunicar **com** ela e não **para** ela. É fundamental se conectar com essa pessoa, adequar a sua comunicação para ser compreendida, e não simplesmente deduzir ou interpretar que ela entendeu o que você quis dizer.

Ao se comunicar com alguém, o pensamento deve estar focado na outra pessoa, na forma dela de compreensão, e não na sua. Isso significa que é necessário utilizar palavras, expressões, ritmo e entonação que façam sentido para quem está ouvindo e que, ao mesmo tempo, façam com que a comunicação chegue à mente do outro.

Nesse sentido, cabe lembrar que a PNL é uma forma de comunicação que ultrapassa o filtro dos ouvidos e se comunica diretamente com o inconsciente de alguém, permitindo ressignificar fatos, programar comportamentos, eliminar traumas, medos e fobias. Através da PNL, é possível preparar a mente das crianças para lidar com as adversidades e superar desafios de uma forma natural e tranquila.

A PNL também possibilita desenvolver o melhor potencial de uma criança, programando-a para ser saudável, inteligente, responsável e feliz.

A PNL é uma potente ferramenta para que pais e mães possam ter mais recursos que lhes possibilitem intervir positivamente na vida dos seus filhos, assim como para os professores se comunicarem melhor com seus alunos, despertando o seu melhor potencial.

2.2 COMO PROGRAMAR A MENTE DE UMA CRIANÇA?

O que é programar? É escolher, definir o que se deseja.

As crianças aprendem o que vivenciam no seu ambiente familiar, e não apenas o que lhes é dito. Essas aprendizagens dependerão do que os pais escolhem priorizar e ensinar aos seus filhos, através das suas atitudes diárias. Portanto, podemos afirmar que todos os comportamentos são programados, tenham os pais consciência disso ou não.

É possível programar uma criança para a saúde e para algumas características comportamentais que os pais desejam que façam parte da sua personalidade, identidade e caráter, desde o útero.

A programação começa desde a vida intrauterina. É comprovado por experiência que mais da metade do que somos na vida adulta vem de tudo o que aconteceu na vida intrauterina. Esse período é responsável por grandes aprendizagens, que fazem toda a diferença ao longo da vida.

Essas programações continuam após o nascimento, mas é da vida intrauterina até os 3 anos que a mente humana tem a maior capacidade de absorção. Nessa fase os pais têm a melhor oportunidade de influenciar positivamente a vida dos seus filhos, tanto para potencializar seu desenvolvimento como para superar desafios.

Os pais podem programar os comportamentos positivos dos filhos desde cedo, definindo valores e ensinando princípios que são fundamentais para a vida, como o valor do trabalho, a importância do estudo e a construção da saúde e da felicidade.

2.3 PROGRAMANDO PARA O TRABALHO

Os pais podem programar os filhos para o trabalho desde cedo, ensinando tarefas simples: juntar brinquedos, arrumar a cama, lavar a louça...

Com essas aprendizagens, as crianças começam a desenvolver a crença de que são capazes de fazer tarefas. Começam a valorizar o trabalho dos seus pais e se sentir parte de uma família, onde também dão sua contribuição.

Antigamente, quando uma criança ajudava seus pais em casa, era motivo de orgulho e de elogios. Entretanto, com o tempo, surgiram alguns equívocos quanto a ensinar as crianças sobre a importância do trabalho, e essa aprendizagem foi sendo deixada de lado.

No entanto, hoje até a legislação define que é um "dever" dos pais ensinar os filhos menores a realizarem serviços de acordo com sua idade. Isso está expresso no artigo 1.634 do Código Civil.

Ensinar a importância do trabalho aos filhos desde pequenos é uma tarefa dos pais que trará benefícios tanto ao longo do seu processo de desenvolvimento como na vida adulta, pois além da importância do trabalho, estarão ensinando o valor das coisas e o respeito pelas pessoas. Caso contrário, as crianças crescem apenas usufruindo dos benefícios do trabalho dos outros.

Essa programação acontece também fazendo afirmações positivas para as crianças, como:

- "Você é muito trabalhador(a). Ajuda a mãe/pai."
- "Você é dedicado(a) nas tarefas da casa."
- "Você tem boa vontade em ajudar."
- "Você é capaz de fazer..."
- "Como você é prestativo(a)!"
- "Você faz todas as tarefas bem feitas!"

2.4 PROGRAMANDO PARA ESTUDAR E VALORIZAR O CONHECIMENTO

Algumas vezes, percebe-se na realidade das escolas que algumas crianças não demonstram interesse pelo estudo nem têm comprometimento com as tarefas escolares, e acabam muitas vezes estudando o mínimo necessário e apenas para passar de ano, ao invés de estudar para realmente aprender.

No entanto, é possível programar uma criança para valorizar o estudo e para ter gosto pelo conhecimento.

Como isso pode ser feito na prática?

Em primeiro lugar, cabe destacar que os filhos só irão valorizar o estudo e ter interesse e curiosidade para aprender se forem ensinados a isso desde a base familiar. Nesse sentido, o exemplo é a melhor forma, afinal, como os pais poderão ensinar um filho a gostar da escola, de estudar, se eles mesmos não o fazem, não falam nem demonstram atitudes de valorização da escola e dos profissionais que nela trabalham e dedicam sua vida ao ensino?

De modo geral, os pais um dia já foram estudantes, já passaram pela escola, talvez por desafios e dificuldades. Imagine a grande oportunidade que têm de contar a sua história como aluno, as suas aprendizagens e de servir de fonte de inspiração.

Outro ponto importante é cobrar dos filhos resultados positivos em relação à escola. As responsabilidades escolares devem ser um compromisso bem estabelecido para as crianças: estudar, realizar as tarefas, passar nas provas e respeitar os professores.

Nesse mundo tecnológico em que vivemos hoje, muitas crianças têm ficado mais tempo na frente de telas, conectadas em redes sociais ou em jogos virtuais, do que na companhia dos livros; mais tempo visualizando imagens prontas do que criando seus desenhos e pintando suas telas; mais tempo recebendo respostas prontas do que aprendendo a pensar e desenvolvendo sua criatividade.

Todas as crianças têm potencial para aprender. Muitas, inclusive, potencial de genialidade. Infelizmente, muitas estão com seu potencial adormecido, pois não são estimuladas a desenvolver suas habilidades.

Existem algumas habilidades básicas, que são desenvolvidas no processo de escolarização e que serão alicerces para futuras aprendizagens ao longo da vida de uma criança, tais como: ler, compreender, interpretar, criar, escrever, comunicar, desenvolver o raciocínio lógico...

Se os pais não dedicarem tempo para acompanharem seus filhos nas tarefas escolares, se não demonstrarem o valor que o conhecimento tem na vida, se não falarem da escola com respeito e admiração, se não estimularem e valorizarem o estudo, como podem os filhos fazer isso?

Se os pais não reconhecerem a importância dos professores, demonstrando respeito pela sua função, como os filhos irão valorizar seus mestres?

As crianças reproduzem o que é ensinado a elas!

2.5 PROGRAMANDO PARA A GRATIDÃO

Muitos pais reclamam que seus filhos são ingratos, que não reconhecem o que eles fazem, que não reconhecem o valor da família, da casa e de tudo que possuem.

No entanto, essas atitudes são resultado das próprias ações dos pais, na medida em que atendem prontamente todas as vontades das crianças, que fazem tudo pelos filhos, que não deixam eles se esforçarem, que não dão o tempo para as crianças conquistarem algo por si, que cedem às suas pressões e não dizem "NÃO". Esses pais fazem com que os filhos realmente não valorizem seus esforços.

Hoje, muitos filhos ganham tudo de mão beijada, têm condições maravilhosas de vida, acesso às melhores escolas, às mais modernas tecnologias. Alguns, inclusive, realizam viagens que muitos adultos sonharam em realizar, mas abriram mão para oportunizá-las aos filhos. E, mesmo assim, esses filhos exercem a ingratidão.

Ao longo de nossos estudos, percebemos que uma pessoa realmente irá valorizar aquilo que tem quando conhecer outra realidade inferior à sua. Por exemplo, irá valorizar um copo d'água quando sentir a sede.

Contudo, na intenção de proteger os filhos desse tipo de realidade, a maior parte dos pais acaba os "cegando", impedindo que eles percebam a maravilhosa vida que têm. Surge então a pergunta: como pode uma criança ser grata, se ela não consegue atribuir valor à sua realidade?

Dessa forma, é importante que os pais compreendam que, assim como qualquer outro comportamento, a gratidão deve ser ensinada. Ensinar a dizer **OBRIGADO** pode ser um bom começo!

Uma atividade que pode ser feita com as crianças é o Pote da Gratidão. Esse pote é uma atividade divertida e ao mesmo tempo um bom exercício para praticar a gratidão e torná-la um hábito natural.

Escolha um pote transparente, escreva o nome em um papel e cole-o com uma fita. Separe algumas tiras de papel e algumas canetas coloridas.

Os pais criam um momento do dia para exercitar a gratidão. Compartilham com as crianças alguma coisa pela qual são gratas. Também perguntam para a criança alguma coisa pela qual ela quer agradecer. Os pais e os filhos escrevem no pedaço de papel o agradecimento e o colocam dentro do pote. O propósito é ir percebendo que sempre se tem motivos para agradecer e que, quanto mais se agradece, mais se vai percebendo que há coisas pelas quais agradecer.

Quando o pote estiver cheio, para comemorar, a família faz uma atividade juntos — pode ser um passeio, por mais simples que seja.

Independentemente de criar uma atividade, como a citada aqui, o mais importante é ensinar os filhos nas atitudes diárias a terem gratidão. Esse é um processo que deve ser ensinado pelo exemplo. Os reflexos disso serão extremamente fortes na fase adulta e na velhice dos pais!

2.6 PROGRAMANDO PARA A SAÚDE

Já é possível perceber até aqui que as palavras dos pais e educadores têm poder e influenciam diretamente nos comportamentos das crianças.

Da mesma forma que existem as programações positivas, também existem as programações que produzem resultados indesejados:

- "Não ande de pés descalços, você vai adoecer!"
- "Mudou o clima, você vai se gripar!"
- "Saia da chuva, senão você vai ficar doente!"

Muitas programações são feitas para que as crianças adoeçam! Se você condicionar uma criança a adoecer, ela vai adoecer. Se você programar uma criança para a saúde, ela vai ser saudável.

Muitos pais carregam crenças em relação a doenças e acabam inserindo as mesmas crenças nos filhos. Por exemplo, desenvolvendo hábitos de utilização de medicamentos para situações simples, que podem ser resolvidas emocionalmente com a construção de crenças positivas em relação à saúde. O corpo alcança o que a mente acredita ou o que foi programada para acreditar.

Como programar os filhos para serem saudáveis?

Você pode fazer isso através de comandos neurais, condicionando ou mesmo programando o inconsciente deles para que os fenômenos externos lhes atinjam de forma positiva, fortalecendo ainda mais a saúde deles.

Alguns exemplos:

- "Quanto mais chove, mais saudável você se torna!"
- "O frio deixa você mais forte e resistente!"
- "Água gelada é ótima para a saúde!"
- "O vento enche você de saúde e disposição!"
- "Você é saudável em qualquer estação do ano!"
- "Quanto mais você cresce, mais forte você fica!"
- "Esse(a) menino(a) tem a saúde de ferro!"

Enfim, os pais têm a possibilidade de escolher como querem conduzir o desenvolvimento dos filhos. Mas, para isso, precisam ter consciência de que todas as suas ações interferem diretamente na vida dos seus filhos e necessitam preparar-se para agir da melhor forma possível.

2.7 COMO FAZER ELOGIOS CONSTRUTIVOS?

Uma ferramenta para conseguir bons resultados e fortalecer crenças positivas nos filhos é fazer um elogio construtivo, mostrando a eles que percebemos suas atitudes e reconhecemos suas qualidades, além de potencializar a consolidação dos valores que julgamos importantes para o seu caráter.

Para ser construtivo, um elogio consiste em valorizar exatamente o que a criança fez de positivo para que ela saiba que deve fazê-lo mais vezes.

PARA ISSO, BASTA SEGUIR ESTA SEQUÊNCIA:

1º **Identifique o fato:** Qual fato será utilizado para mostrar que seu filho realizou algo positivo e que foi importante? Fale para ele que você percebeu!
2º **Identifique a ação específica:** Qual ação específica seu filho realizou? Como fez? Destaque o comportamento.
3º **Valorize o comportamento, atribuindo-lhe significado:** Aqui, destaque as qualidades e valores que você deseja que façam parte da vida do seu filho. Diga a ele o quanto você fica feliz por ele ter ou estar desenvolvendo essas atitudes positivas.

Exemplo:

1º "Filho, que legal que você arrumou a cozinha!"
2º "Você lavou as xícaras do café com capricho e guardou cada coisa em seu lugar!"
3º "Estou muito feliz por você ter a atitude de saber o que tem que ser feito e ser prestativo, caprichoso e organizado!"

Esses 3 passos transformam um simples elogio em uma grande oportunidade de fixar aprendizagens. Faça isso com entusiasmo, mostre aos seus filhos que você fica feliz e admirado com suas ações. E, quanto menor for a criança, mais eles adoram essa linguagem animada.

É importante que, quando estiver fazendo um elogio, detenha-se apenas ao elogio. Evite qualquer chamada de atenção ou crítica no fim. Para os comportamentos indesejados, utilize as ferramentas específicas disponíveis neste capítulo.

2.8 EVITE AS PALAVRAS: MAS... PORÉM... SÓ QUE...

Quando você estiver se comunicando com seu filho, transmitindo uma aprendizagem ou destacando seus pontos positivos, evite expressões como "mas...", "porém...", "só que...", pois elas simplesmente anulam o que você disse antes.

Pense, por exemplo, numa situação em que você fez uma pergunta e ouviu um "sim" seguido de um "mas", e lembre-se de como você sentiu.

EXEMPLO:

"Vamos assistir um filme?" "Sim, mas não hoje."

A expressão *mas* faz com que o que foi dito antes não pareça ter valor ou tanta importância assim, pois anula o que foi dito antes, no caso acima, o *sim*.

OBSERVE ESSES EXEMPLOS:

"Que bom que você passou na prova de Português, *mas* ainda falta Matemática."

"Você arrumou a cama, *porém* esqueceu de guardar os calçados."

"Você é muito inteligente, *só que* precisa ter mais atenção."

Quando estivermos nos comunicando com nossos filhos, precisamos transmitir confiança, valor e verdade.

2.9 UTILIZANDO O PODER PESSOAL E AS TÉCNICAS DE FEEDBACK

Um de nossos princípios básicos na criação dos filhos é que não existe certo ou errado, apenas resultados. O feedback é uma oportunidade de avaliar os resultados que estão sendo produzidos através das atitudes e comportamentos das crianças.

Quando você for dar um feedback, isto é, o retorno ou uma resposta para seu filho sobre uma atitude, um comportamento ou até mesmo sobre um acontecimento, é importante lembrar que você é o adulto da situação, que a criança está em fase de aprendizagem e que as suas palavras podem ajudar essa criança a se desenvolver positivamente, melhorar suas atitudes ou, ao contrário, podem inserir crenças limitantes e comportamentos indesejados, como insegurança, vergonha, culpa, mentira e omissão.

Outro ponto importante a ser destacado é que você é uma referência para seu filho. Portanto, tudo o que disser para uma criança, especialmente até a fase dos 7 anos, é compreendido como uma verdade absoluta. Por exemplo: se a mãe diz constantemente para o filho que ele é muito teimoso, que não sabe ouvir e respeitar regras, essa criança passará a acreditar nisso e agirá de forma correspondente.

Um pai, uma mãe ou uma professora ocupa uma posição em que pode exercer seu poder pessoal no processo educativo. Em PNL, chamamos de Poder Pessoal a consideração, o respeito, a autoridade e a admiração que um indivíduo atribui a outro por seu nível de posição, proximidade e referência.

O poder pessoal construído com coerência entre as palavras e as ações, pelo exemplo na vida cotidiana, torna-se de fundamental importância e de um valor inquestionável quando os filhos já estão crescidos, na fase da adolescência. Nesta fase do desenvolvimento, os adolescentes, de modo geral, questionam as regras sociais, sentem-se onipotentes e querem fazer as coisas a seu modo. Se tiveram pais que não exerceram sua autoridade com amor e limites ao longo da infância, se não aprenderam a assumir responsabilidades, se não tiveram referências de valores, ficam perdidos, inseguros ou rebeldes.

Nossa intenção aqui é disponibilizar conhecimentos e ferramentas para que os pais e educadores desempenhem suas funções com segurança, e para que ajudem as crianças a crescerem e se desenvolverem também com uma base de confiança, superando seus desafios e corrigindo seus comportamentos. Para que as crianças possam ser preparadas para a vida com autonomia e responsabilidade pelos seus atos.

Quando seu filho estiver apresentando um comportamento indesejado e você quiser que ele tome consciência disso e melhore, você pode utilizar as técnicas de feedback (detalhadas no capítulo 1).

O feedback sanduíche, por exemplo, é uma ferramenta para ser utilizada no dia a dia, em casa. É simples e objetivo, levando a criança a pensar sobre como pode fazer para melhorar aquele comportamento que não está bom. A grande vantagem do feedback sanduíche em relação a simplesmente fazer uma chamada à atenção ou uma correção é a primeira camada do sanduíche, pois começar reconhecendo os pontos positivos, além de valorizar o que a criança já está fazendo, quebra uma resistência para receber uma crítica e faz com que ela absorva melhor a cobrança do que precisa melhorar.

Expor o comportamento que precisa ser melhorado, perguntando à criança como irá agir para solucioná-lo, permite que ela reflita para elaborar a resposta, e consequentemente a prepara para a ação propriamente dita. E concluir com a manifestação da confiança de que a ação será feita fortalece valores positivos e crenças de capacidade.

É importante dar feedbacks positivos na identidade dos seus filhos, fortalecendo crenças de capacidade, de possibilidade, valores e atitudes positivas, pois os pais, seguidos dos professores, são as principais figuras de referência na formação do caráter e da personalidade de uma criança.

Pense nas características positivas que você quer que façam parte da identidade do seu filho ou filha e elogie-as na identidade. "Você é inteligente, é especial, é prestativo, é caprichoso..."

Lembre-se: quando for fazer críticas e correções, destaque a ação realizada e refira-se ao comportamento indesejado.

EXEMPLO:

A criança empurrou o irmão, que acabou caindo. A mãe intervém, dizendo:

"Como você é agressivo, malvado!"

O comentário deve destacar o ato em si:

"Você empurrou seu irmão. Você é forte e deve usar a força para proteger seu irmão, porque você é capaz disso."

Esse cuidado na comunicação produz um efeito muito saudável e construtivo na criança, ajudando-a a ter uma boa imagem de si ao mesmo tempo em que dá a ela possibilidade de trabalhar e mudar o comportamento, se for o caso. O ser humano é uma construção feita ao longo da vida, mas o seu alicerce é construído do 0 aos 8 anos, sendo lapidado até os 17 anos.

2.10 FERRAMENTA PARA MUDANÇA DE COMPORTAMENTOS INDESEJADOS

No que você foca é o que mais aparece!

Muitas vezes, os comportamentos indesejados dos filhos acabam chamando mais atenção do que os comportamentos positivos. E, às vezes, a atenção dos pais acaba se direcionando mais para aquilo que não gostariam que acontecesse do que para o que realmente desejam.

Você já parou para analisar que aquilo em que mais pensa e está focado é exatamente o que você mais obtém?

Ao colocar foco no que deseja para seus filhos e sua família, você está escolhendo obter esses resultados. Por isso, é tão importante desenvolver a habilidade de focar no que você deseja que aconteça.

Isso acontece também com as crianças e adolescentes: estes recebem a todo instante programações dos pais de como devem agir e se comportar, e constroem a própria imagem através do reforço das suas atitudes, sejam elas positivas ou negativas.

As programações feitas pelos pais são todas as afirmações comunicadas às crianças frequentemente, definindo ou classificando suas atitudes, comportamentos, emoções e sentimentos.

EXEMPLOS:

"Fulaninho é muito teimoso."

"Fulaninha é muito exigente, só come o que ela quer."

"Ela sempre fica chorando quando saio para trabalhar."

"Ele é muito bravo..."

Esses são apenas alguns exemplos de como as programações acontecem no dia a dia. Utilizamos justamente comportamentos que os pais gostariam de mudar nos filhos, para mostrar o quanto o foco e a atenção costumam ser direcionados para o oposto do que realmente desejam.

Pare para pensar: como os filhos podem agir diferentemente, se todos os dias ouvem seus pais os descreverem fortalecendo os comportamentos indesejados?

É possível programar uma criança para algumas características comportamentais que os pais desejem que façam parte da sua personalidade, da identidade e do caráter, como também para ser saudável e para inserir valores.

Portanto, toda vez que você identificar algum comportamento no seu filho que você não quer, faça a si mesmo as seguintes perguntas:

"Em vez disso, o que eu desejo?"

"Em vez disso, o que eu posso encorajar meu filho a fazer?"

Depois de responder a essas perguntas, o passo seguinte é o mais importante:

Especifique: "Como?"

"Como isso irá funcionar?"

"Como você vai fazer para obter o que deseja?"

Faça o teste, utilize essas perguntas e você se surpreenderá com os resultados.

2.11 UTILIZANDO A COMUNICAÇÃO NÃO VERBAL

Outra ferramenta eficaz que estabelece uma ligação com os filhos para transmitir uma mensagem é a linguagem corporal, ou seja, descer ao nível deles, estabelecer contato visual. É mais difícil ignorar uma pessoa quando o rosto dela está diante do seu.

Toda vez que seu filho ignorar o que você está transmitindo a ele ou até quando você não estiver compreendendo o que ele quer lhe dizer, abaixe-se, desça ao nível dele, olhe nos olhos e fale.

Essa é uma ferramenta muito simples de estabelecer uma conexão com a criança e que modifica radicalmente os resultados.

Imagine se você tivesse que conversar sempre com uma pessoa muito mais alta que você ou que estivesse em cima de uma cadeira. Como você se sentiria? É mais ou menos isso que acontece com as crianças.

Uma outra forma de fazer isso é sentar-se numa cadeira, numa poltrona ou no chão para conversar com as crianças menores.

Lembre-se de que você é o maior interessado em construir uma boa comunicação com seu filho. É você que está no controle dessa situação. Deve agir com consciência e com estratégias que funcionem, e não deixar que a criança acabe determinando se vai ou não atender quando você está se comunicando com ela.

Quando se trata de filhos maiores, os adolescentes, uma conversa de orientação pode ser feita lado a lado, ou até mesmo enquanto praticam uma caminhada ou fazem uma tarefa doméstica.

Uma das pressuposições da PNL é que o comunicador é o responsável pela comunicação. E, nesse caso, quando estamos falando da criação dos filhos, os responsáveis são o pai e a mãe.

2.12 EMPATIA: UMA FORMA DE SE CONECTAR COM SEU FILHO

Para fortalecer o vínculo afetivo na relação entre pais e filhos, desenvolver empatia é fundamental. Isso é, desenvolver a capacidade de identificar-se com a outra pessoa, colocar-se no lugar dela, compreendendo sua forma de pensar e agir, sem julgamentos, além de entender a forma como essa pessoa aprende. Desenvolver empatia é indispensável para compreendermos também as necessidades e dores das pessoas com quem convivemos.

De acordo com a neurociência, todas as pessoas nascem com estruturas, processos e conexões cerebrais para que possam se conectar e expressar a empatia.

A empatia pode ser explicada devido à ação dos neurônios-espelho, que têm a função de reproduzir no cérebro qualquer coisa que vemos no outro, seja uma expressão, uma ação ou uma emoção.

Um exemplo bem simples desse fato é o que acontece quando em um ambiente com algumas pessoas uma delas começa a bocejar e, logo em seguida, as demais começam também. Esse exemplo mostra que nossa capacidade de espelhar e de imitar nos permite ser empáticos.

A neurociência também comprova que podemos treinar a empatia, pois o nosso cérebro é plástico, isto é, tem a capacidade de se adaptar a qualquer estímulo que fizermos, criando novos caminhos neurais. Sendo assim, os neurônios são responsáveis por moldar nossos comportamentos e reações.

A empatia pode ser desenvolvida a partir de estímulos desde à infância, através de práticas como:

- Aprender a ouvir com atenção quando alguém está falando;
- Fazer perguntas para compreender o que a outra pessoa está dizendo;
- Mostrar que cada pessoa tem seu jeito de ser, sem julgamentos e comparações;
- Reconhecer e aprender a lidar com as emoções básicas que fazem parte da vida de qualquer ser humano: medo, raiva, tristeza e alegria, para entender as próprias emoções e ser mais compreensivo com as emoções das outras pessoas;
- Fazer ações de generosidade e altruísmo.

Praticar a empatia também ajuda os pais a terem relações mais significativas com seus filhos, a desenvolverem uma liderança eficaz no processo educativo, a ampliarem os pontos de vista para solucionar problemas e resolver conflitos e desenvolverem a capacidade de serem respeitados de forma natural.

Muitas vezes, para lidar com uma situação desafiadora, é preciso se colocar no lugar do outro para compreender a sua forma de pensar, suas crenças e, a partir disso, poder alinhar uma conversa que realmente vai aproximar você dessa outra pessoa.

No caso dos filhos, por exemplo, é sempre bom lembrar que você já teve a idade do seu filho, já passou pelas fases que ele está passando. Só que ele não tem a sua idade, não viveu as suas experiências e nem tem a mesma maturidade.

Por isso, é fundamental utilizar todas as formas de comunicação. Escolha bem as suas palavras, pois elas têm muita influência sobre seus filhos. Adapte o tom de voz para cada situação em que você estiver com seu filho, sabendo quando é fundamental a voz firme com autoridade, quando é preciso dar ênfase em algum ponto específico e também quando se deve usar uma voz mais suave e acolhedora. Utilize a sua linguagem corporal, expressões faciais e gestos, como um abraço, que muitas vezes fala mais que muitas palavras.

Preste atenção no que seus filhos falam, como falam, quais expressões eles utilizam. Ouça realmente o que eles dizem. Saiba do que eles gostam de brincar, o que gostam de fazer, quais são seus sonhos. Tire tempo para observar, conversar, entender o mundo dos seus filhos; assim, você com certeza estará construindo um relacionamento de confiança.

2.13 TRANSFORME "NÃO FAÇA" EM "FAÇA AGORA!"

Uma das contribuições da Programação Neurolinguística para melhorar a comunicação é o fato de que o cérebro não entende a palavra NÃO.

Para compreender isso, é muito simples. Se alguém lhe disser agora:

Não pense num elefante cinza com orelhas grandes!

Não pense num balão azul!

O que aconteceu?

Foi exatamente no que você pensou!

O NÃO por si só não significa nada ao cérebro, por isso ele se fixa no que vem depois do não.

Isso significa que para a nossa mente saber em que não pensar, primeiro ela precisa pensar.

Se isso acontece com você, que é um adulto, que já tem muito mais experiências de linguagem e conhece o significado das palavras, imagine com uma criança que está se desenvolvendo, aprendendo a linguagem e o que as palavras significam.

Portanto, quando você utiliza o "não" para se comunicar com seus filhos, é bem provável que você obtenha exatamente o que não deseja. O uso da linguagem negativa provoca exatamente o comportamento que se quer evitar.

Sendo assim, quando queremos obter um resultado positivo no que estamos solicitando aos nossos filhos, devemos usar uma linguagem clara e específica, dizendo o que queremos que eles façam.

Então, para melhorar a eficácia da nossa comunicação, devemos fazer um exercício muito simples: todas as vezes em que você pensar em dizer ao seu filho ou filha "Não faça isso!", "Você não pode!", "Não corra!", "Não grite!", pare por um instante e **pense no que você realmente deseja** ou **no que você pode encorajar seu filho a fazer**. Veja alguns exemplos:

"*Não fale de boca cheia!*"
Ao invés disso, diga: **"Coma primeiro e depois você pode falar."**

"*Não jogue lixo no chão!*"
Ao invés disso, diga: **"Coloque o lixo na lixeira."**

"*Não deixe os brinquedos espalhados!*"
Ao invés disso, diga: **"Guarde seus brinquedos depois de brincar!"**

Enfim, por aí se vão muitos exemplos de situações do dia a dia, em que é muito comum os pais passarem muito tempo dizendo o que não querem que os filhos façam, ao invés de focar naquilo que realmente deve ser feito.

Também, quando for necessário, insira a palavra AGORA. Contudo, se você der o comando FAÇA AGORA, só dê o próximo passo se a criança tiver feito o que você solicitou.

Elimine o NÃO da sua comunicação e utilize a palavra mágica PROIBIDO, quando quiser transmitir a mensagem de forma mais enfática.

EXEMPLO:

É PROIBIDO atravessar a rua sem olhar para os lados!

Quando a criança ouve a palavra PROIBIDO, ela se obriga a racionalizar sobre o que deve fazer de fato. Teste e perceberá a grande diferença na reação dos seus filhos.

Por fim, desafiamos você a colocar em prática a partir de agora essa ferramenta de comunicação. Apesar de simples, exigirá atenção, dedicação e treino, pois o "não" está muito mais presente na sua comunicação do que você imagina.

2.14 DESCUBRA A INTENÇÃO POR TRÁS DOS COMPORTAMENTOS

Quando falamos em criação de filhos sob o ponto de vista da PNL, é importante destacar que, além de trabalhar os comportamentos, também é preciso analisar a intenção que existe por trás de cada um deles.

E uma das pressuposições básicas da Programação Neurolinguística, ou seja, uma das suas bases, é que todo comportamento tem uma intenção positiva.

Portanto, não importa qual comportamento seu filho ou filha esteja apresentando: mesmo que você considere que seja um comportamento indesejado, saiba que existe uma intenção e que, para a criança, ela é sempre positiva.

Por exemplo: uma criança pode gritar para ser percebida, agredir para se defender, esconder-se para se sentir mais segura.

Outro exemplo é o xixi na cama, que não é uma atitude, e sim um comportamento, que vem do frio ou do medo.

Esses comportamentos são generalizados pelo cérebro e arrastados ao longo da vida. E mesmo depois de vencido, o inconsciente pode retomar.

EXEMPLO:

Com a chegada do irmão mais novo, o filho mais velho pode voltar a fazer xixi na cama.

Uma ação eficaz é buscar a intenção por trás dos comportamentos dos filhos e agir diante dela, ao invés de só focar no comportamento. Ampliando essa visão e questionando-se sobre o que a criança está buscando comunicar com seus comportamentos, os pais poderão intervir na raiz da questão e agir mais assertivamente.

Aqui cabe ressaltar que entender ou atender a intenção que está por trás dos comportamentos não tem nada a ver com ceder e fazer o que o filho quer, e sim agir perante uma necessidade daquela criança, que às vezes pode ser inclusive ter limites e ser corrigida.

As crianças são especialistas na arte da manipulação para conseguirem o que querem. Se os pais não estiverem atentos, deixam-se ser manipulados com facilidade, especialmente diante de um choro intenso, de uma chantagem emocional ou até mesmo de carinhos e elogios bem articulados, como: "Minha mãezinha querida do meu coração, posso ir à casa da minha amiga?"

Isso acontece porque até os 3 anos de vida as crianças desenvolvem o lado emocional, e não a racionalidade. Então, para se comunicar elas utilizam mais as emoções, até mesmo quando ainda não sabem falar.

O importante é que os pais prestem atenção aos comportamentos, emoções e palavras que os filhos estão manifestando. Essas são formas indiretas de comunicarem o que estão pensando e sentindo, tanto para ajudar quando for necessário como para saber a melhor forma de agir.

É bom lembrar que como você não é um especialista em comportamento humano e pode ficar em dúvida entre atender a uma necessidade e impor um limite, opte pelo limite. Isso diminuirá o risco de resultados indesejados.

2.15 GATILHO MENTAL DA RAZÃO

O gatilho mental é uma ferramenta de comunicação que ativa o cérebro para uma resposta imediata, ou para uma resposta lógica em determinado momento. Podemos dizer que são estímulos que agem diretamente no cérebro, levando a uma tomada de decisão.

Quando falamos sobre a comunicação entre pais e filhos, dentro dos nossos Treinamentos no Instituto Liberdade ou nas palestras em escolas, é muito comum pais e mães relatarem que têm dificuldade para que seus filhos atendam suas ordens de imediato, que costumam ouvir expressões como: "estou indo...", "já vou...", "só um pouquinho...". E, de fato, eles não fazem o que é solicitado.

Então, aqui está uma ferramenta que vai ajudar você a obter melhores resultados na sua comunicação com seu filho, quando você quiser que ele preste atenção ou faça alguma coisa.

Essa ferramenta é o Gatilho Mental da Razão, que é considerado por especialistas uma das ferramentas mais importantes de influência. Serve para justificar uma ação, dar um motivo. Quando existe uma razão, é muito mais fácil a mente racionalizar, chegar a conclusões e obter um resultado positivo.

E como aplicar esse gatilho na prática? É muito simples, basta utilizar a palavra *porque*. As pessoas são programadas para aceitarem uma explicação lógica. É por isso que, quando você acrescenta a palavra *porque* depois de um pedido ou uma ordem, leva a outra pessoa a uma ação.

Por mais simples que seja o motivo, mesmo assim leva as pessoas a cederem, a agirem.

Veja como isso acontece na prática, neste exemplo:

A mãe diz ao filho:

"Filho, vá tomar seu banho agora, ***porque*** nós vamos receber visitas."

Essa criança será obrigada a racionalizar para que entenda a lógica do comando que ela recebeu.

É tão simples que parece inacreditável que funcione. Mas tem lógica, dá certo, funciona e vai aumentar muito o nível de assertividade na execução das tarefas.

Você não precisa se preocupar em ter justificativas elaboradas ou em ter uma grande razão. Na hora em que você for dar uma ordem para seu filho, acrescente "porque" e diga o motivo que vier no seu pensamento.

Além disso, se você começar a utilizar o gatilho mental da razão com as crianças, desde pequenas, estará ajudando-as a desenvolverem o lado esquerdo do cérebro, desenvolvendo a racionalidade e a capacidade de pensar e argumentar.

Nós compartilhamos com você essa ferramenta PORQUE temos certeza de que você vai ser um pai ou uma mãe melhor se utilizar esse gatilho mental para evitar conflitos desnecessários com os seus filhos quanto à execução das tarefas.

Comece hoje, comece agora, porque se o conhecimento não for colocado em prática, não servirá para nada!

2.16 METÁFORAS: PODEROSA FERRAMENTA DE COMUNICAÇÃO

Queremos compartilhar com vocês uma ferramenta muito eficaz na educação das crianças, que são as metáforas.

O que são as metáforas? São histórias que transmitem valores, possibilitam a aprendizagem, a construção do conhecimento e mudanças comportamentais, produzindo resultados em qualquer área da vida.

As metáforas certamente constituem uma das mais poderosas ferramentas de comunicação a serem utilizadas pelos pais, pois essas estórias, contadas de forma simples, distraem a mente consciente, enquanto a informação é passada diretamente ao inconsciente da criança, sem interferência, questionamento ou negação. Afinal, não se está falando algo diretamente a ela, mas apenas lhe contando uma estória! Contudo, a mensagem de cada metáfora provoca reação nas emoções e indiretamente faz com que a criança estabeleça uma relação de semelhança e comparação com situações da sua vida.

O que você pode fazer quando seu filho está com medo de escuro, quando não quer dormir sozinho, tem pesadelos, quando não quer ir à escola, quando apresenta uma alergia ao leite, à poeira, etc.? Contar uma metáfora!

Talvez você esteja se perguntando: mas qual metáfora?

Dentro do Treinamento Formando Pais, temos um módulo de metáforas em áudio, para serem utilizadas em diversas situações desafiadoras e também para auxiliar você no desenvolvimento das potencialidades dos seus filhos.

As metáforas podem ser contadas nas mais variadas situações cotidianas, como aprendizagem. Contudo, para que ela produza os resultados de programação mental, inserindo a informação diretamente no inconsciente, existe um momento mais apropriado, que é durante o sono.

O sono é um momento muito favorável para a aprendizagem. Ele possui alguns estágios, sendo que os primeiros 10 a 20 minutos, após uma pessoa começar a dormir, são chamados em PNL de pré-sono, quando o sono ainda está no estágio leve.

Nesse período do pré-sono, através do canal auditivo, toda informação chegará mais facilmente ao inconsciente de uma pessoa, sendo processada enquanto dorme, possibilitando que as aprendizagens necessárias aconteçam.

Uma metáfora contada no pré-sono é uma excelente oportunidade de curar medos, traumas, fobias, de trabalhar comportamentos, transmitir valores e ajudar as crianças a lidar com situações desafiadoras.

Ainda, os pais podem, no dia seguinte, fazer comparações, utilizar exemplos, fazer elogios, reforçando as aprendizagens trabalhadas na metáfora.

O tempo de contar cada metáfora varia de acordo com a necessidade da criança. Mas sugerimos que seja repetida por, no mínimo, sete noites.

Um alerta bem importante é que a metáfora é uma ferramenta extremamente poderosa, e deve ser criada por alguém que tenha conhecimento sobre a mente humana, pois se escrita sem os cuidados necessários pode causar um efeito contrário e prejudicar a criança ao invés de ajudá-la. Um exemplo disso é inserindo crenças limitantes, como "homem não chora", "quem é forte não tem medo do escuro"... Enfim, tratando-se da mente de uma criança, deve-se ter todo cuidado e proteção.

Portanto, quando você for ler alguma das nossas metáforas para seu filho, lembre-se de fazer a leitura exatamente como está escrita.

Aproveite essa ferramenta que levará a mudanças significativas na vida dos seus filhos! Você irá se surpreender com os resultados.

Aqui abaixo estamos deixando um presente valioso para você utilizar: uma metáfora que foi criada para a saúde dos seus filhos.

Aponte a câmera do seu celular para o QR *code*, acesse o link e experimente o poder de uma metáfora!

METÁFORA PARA FORTALECER A SAÚDE

https://formandopais.com/metaforaparafortalecerasaude

2.17 BLINDAGEM

É uma técnica da PNL que consiste em se proteger emocionalmente contra qualquer influência negativa, agressor, doenças ou sentimentos negativos que possam vir a prejudicar uma pessoa.

É uma forma de bloquear tudo o que pode afastar uma pessoa de alcançar os seus resultados desejados ou afastá-la de sua felicidade.

No caso das crianças, a blindagem pode ser feita através de afirmações positivas, de metáforas e também inserida através de técnicas da PNL.

Os pais também podem ensinar os filhos a se blindarem de opiniões externas negativas, utilizando na comunicação a palavra OBRIGADO!

Oriente os filhos para que, ao ouvirem coisas como "você não consegue fazer essa tarefa", "você é muito pequena ainda para fazer isso", "todo mundo faz isso", "você vai ficar doente porque mudou a temperatura", protejam-se com expressões como:

OBRIGADO! ESSA É A SUA OPINIÃO!

OBRIGADO! ESSA É A SUA REALIDADE!

OBRIGADO! ESSA É A SUA FORMA DE PENSAR E NÃO A MINHA!

OBRIGADO! EU SOU MUITO SAUDÁVEL!

2.18 USANDO A IMAGINAÇÃO: UM FAZ DE CONTA QUE ACONTECE

A PNL funciona muito bem e produz resultados incríveis na vida das pessoas, devido a uma capacidade cerebral que temos, que é a imaginação.

De acordo com a neurociência, a imaginação é uma habilidade que nos permite ter experiências sensoriais (sensações e percepções através dos cinco sentidos: audição, visão, paladar, olfato e tato) sem a presença de estímulos externos. É a capacidade de combinar ideias e usar a criatividade para inventar histórias e criar cenários e situações mentalmente.

A nossa capacidade imaginativa nos permite ultrapassar os limites da realidade e viajar no tempo e no espaço, isto é, criar cenários diferentes para as histórias que ouvimos, relembrar o passado e planejar o futuro, preparando-nos para situações que ainda não aconteceram.

Dessa forma, podemos utilizar a imaginação para ressignificações de fatos e alterações de memórias, caso isso seja necessário, ou para alterar sentimentos, emoções e comportamentos indesejados, solucionar problemas do dia a dia ou até situações mais desafiadoras, como os medos infantis.

Com os avanços das pesquisas científicas, no campo da neurociência, está comprovado que o cérebro não distingue o real do imaginário. Isso significa que, se estamos imaginando uma situação de alegria, as regiões do cérebro são ativadas da mesma forma como se a situação estivesse acontecendo na vida real.

Isso ocorre também no caso de uma situação ameaçadora, como uma fobia, que é um medo exagerado de alguma coisa. Para uma pessoa que tem fobia de aranha, por exemplo, imaginar que está enxergando uma se aproximando faz com que essa pessoa tenha as mesmas sensações de medo ou pânico que teria se estivesse realmente diante de uma aranha.

Aqui, há uma contribuição de fundamental importância para os pais ajudarem seus filhos a vencerem seus medos, pois a imaginação é uma ferramenta poderosa para mudar uma realidade e criar uma sensação imediata de segurança, bem-estar e tranquilidade.

Cabe, inclusive, um alerta aos pais em relação às situações dos medos infantis, especialmente nas crianças de até 7 anos. Quando uma criança diz que está com medo do monstro que está no escuro ou embaixo da cama, a imaginação dela já criou este monstro e ela o está enxergando de verdade, está sentindo todas as sensações como se ele estivesse ali perto dela. Portanto, não adianta nada dizer que é bobagem, que não tem nenhum monstro em casa. Além de não ajudar a criança a passar por essa situação, isso ainda pode aumentar o medo, pois ela se encontra sozinha para lidar com aquele desafio.

Este é o momento de ter consciência do que a criança está passando, entrar no universo infantil e usar a imaginação a seu favor. É hora da mãe apropriar-se do superpoder da mulher-maravilha e do pai vestir a capa de super-herói e espantarem esse monstro do quarto! Abrir a janela e mandar ele embora para nunca mais voltar! Depois disso, comemorar com a criança a vitória, tranquilizando-a de que o ambiente está seguro.

Ainda usando a imaginação, pode-se dar à criança uma varinha mágica para diminuir o tamanho do monstro, até que ele fique do tamanho de uma formiga, antes de espantá-lo para a rua, varrê-lo para a lixeira, colocá-lo no vaso sanitário e puxar a descarga. Assim, ela também tem participação e começa a sentir que pode vencer os seus medos.

Quantos medos infantis poderiam ser superados com imaginação e criatividade!

Infelizmente, quando os pais não entendem o nível de realidade desses medos para as crianças e permitem que elas fiquem presas a essas emoções ao longo da vida, acabam criando adultos aprisionados em algo que poderia ter sido resolvido de forma simples na infância.

Não é incomum encontrar adultos com medo de escuro, que só dormem com uma lâmpada de cabeceira ligada. Este é apenas um exemplo de tantos medos que se arrastam ao longo de toda uma vida.

A imaginação infantil jamais deve ser reprimida ou desvalorizada. Pelo contrário: deve ser estimulada, pois é a base de toda atividade criadora que é tão necessária ao longo da vida, seja no mundo artístico, cultural ou científico.

A Base Nacional Comum Curricular (BNCC) incluiu a imaginação nos Campos de Experiências da Educação Infantil. Esses campos referem-se às experiências que as crianças precisam ter em cada faixa etária, com habilidades e competências necessárias para que possam aprender e se desenvolver de maneira adequada.

Com conhecimento e dedicação, os pais resolvem efetivamente muitas das situações desafiadoras que as crianças enfrentam, eliminando sofrimentos e tratamentos como sendo transtornos emocionais.

Para entender um pouco mais, assista ao vídeo abaixo. Aponte a câmera do seu celular para o QR *code*, acesse o link e deixe a imaginação encantar você!

COMO LIDAR COM OS MEDOS INFANTIS

https://formandopais.com/comolidarcomosmedosinfantis

2.19 ÂNCORAS: ESTÍMULOS QUE FUNCIONAM

Âncora é um estímulo externo capaz de criar um estado interno. É uma técnica poderosa que consiste em associar um estado emocional a um estímulo específico, como uma palavra, um gesto, um som ou um objeto. Ajuda muitas vezes uma pessoa a vencer suas limitações, passar por um momento de dificuldade e dar o próximo passo.

A âncora é uma poderosa ferramenta que os pais podem utilizar com os filhos no dia a dia. Um tipo de âncora muito efetiva que utilizamos no Treinamento Formando Pais é a âncora física: um objeto que pode representar um recurso, uma competência, uma habilidade ou até mesmo a realização de um sonho ou objetivo.

Como exemplos dessas âncoras físicas, temos: as pedras mágicas da coragem, da gratidão, da confiança, a fita da saúde etc.

Como você pode utilizar as âncoras físicas com seu filho?

Observe e identifique uma ou mais dificuldades que a criança está tendo no momento e escolha os recursos que você quer ajudá-la a desenvolver ou fortalecer.

Em seguida, utilizando a sua imaginação, providencie um pacote de presente ou uma caixinha, coloque uma pedrinha colorida dentro e faça a entrega da pedra mágica para a criança.

Vou utilizar uma situação muito comum com as crianças para demonstrar como pode ser feita essa entrega.

Exemplo: Medo de dormir sozinha.

A primeira pergunta que devo responder é: *De qual recurso essa criança precisa para vencer o medo?*

Se o recurso escolhido for a coragem, a pedra mágica terá esse propósito.

A mãe ou pai vai entregar para a criança a PEDRA DA CORAGEM, dizendo que essa pedra tem o poder de fortalecer dentro dela a coragem, para que durma no quarto sozinha. Quando ela segurar a pedra na mão, vai sentir a coragem que já existe dentro dela, e, se precisar, pode lembrar de alguém de sua confiança que é uma referência em coragem. Essa pedrinha pode ficar embaixo do travesseiro, próximo da cama, por um período estabelecido (que pode ser de 3 a 4 semanas). Depois desse tempo, pode ser guardada num lugar especial, e a coragem fará parte da sua vida para sempre.

Uma pedrinha colorida, representando a coragem, por exemplo, é capaz de produzir um efeito transformador na vida de uma criança que está com medo de dormir sozinha no seu quarto. Quando ela segura a pedrinha na sua mão, associando-a ao recurso que ela precisa — nesse caso, a coragem —, a sua mente busca esse recurso internamente porque ela já o possui, já o sentiu pelo menos alguma vez, ou o associa a alguém da sua confiança que é corajoso. Quando isso acontece, a mente dispara uma reação emocional, provocando a sensação da coragem. E quanto mais essa coragem for sendo lembrada e fortalecida, mais ela vai sentir seus efeitos na vida. Por exemplo, consegue dormir uma noite sem sentir medo, porque o foco foi direcionado para a sua superação.

Os pais também podem utilizar as âncoras musicais para buscar estados internos específicos com seus filhos, inserir comportamentos positivos e fortalecer potencialidades.

Por exemplo: escolha uma música relaxante que lembre momentos de calmaria, de paz e tranquilidade, de preparação para dormir. Repita essa música algumas vezes, sempre associando-a a esse estado tranquilo. Com a repetição, o som será fixado na mente, e aquele estímulo musical que antes era despercebido passa a ter um significado. Toda vez que a criança ouvir a música, ativará a percepção de que é hora de dormir ou de relaxar.

O pijama também é uma âncora física extremamente positiva para ajudar as crianças a identificarem que é hora de dormir.

O mesmo processo com música pode ser feito para ativar o estado interno de energia e disposição. O estímulo externo deve ser uma música apropriada para isso.

Existem músicas que se tornaram âncoras para uma população inteira, como o tema da vitória de Ayrton Senna. Talvez para algumas pessoas ele remeta a um sentimento de vitória, conquista, felicidade, liberdade, ou ao que se sentia naquela época assistindo às corridas de Fórmula 1.

Esses dois tipos de âncoras físicas e musicais, citadas aqui, são ferramentas que transformam e podem ser utilizadas para qualquer mudança comportamental.

Pensando na riqueza dessa ferramenta, devido aos resultados que ela produz, criamos um vídeo para auxiliar você a utilizá-la da melhor forma.

Aponte a câmera do seu celular para o QR *code*, acesse o link e descubra o poder das âncoras!

ÂNCORAS - ESTÍMULOS QUE FUNCIONAM

https://formandopais.com/ancorasestimulosquefuncionam

Capítulo Três

VENCENDO DESAFIOS

3.1 COMPORTAMENTOS DE RISCO DENTRO DA ESCOLA

Consideramos comportamentos de risco dentro do ambiente escolar todas as ações ou condutas que podem prejudicar a saúde, a vida, o bem-estar e a segurança dos alunos e profissionais da educação.

Estamos vivendo um período em que cada vez mais precisamos aprender a lidar com os comportamentos de risco na escola. Estes se manifestam das mais variadas formas: bullying, agressões físicas, ameaças, intimidação e, em casos mais extremos, violência armada.

Como consequência dessa realidade, temos a insegurança e o medo dos profissionais da educação, que não estão preparados para lidar com os comportamentos dos seus alunos, visto que existe uma carência desde a sua formação acadêmica de conhecimentos e ferramentas para usarem diante de situações de risco, dos comportamentos desafiadores e das emoções dos alunos. Há também a instabilidade emocional e os danos psicológicos causados aos alunos que acabam sendo vítimas de agressões e sofrendo com ansiedade e medo, o que prejudica diretamente a sua aprendizagem, pois não querem mais ir à escola. Soma-se a isso a insegurança dos pais que precisam trabalhar e deixam seus filhos na escola, preocupados se essas crianças estarão em um ambiente seguro.

Acreditamos que uma mudança urgente precisa acontecer, fortalecendo esses dois pilares fundamentais na educação de um ser humano, que são os pais e os professores.

Pais e professores precisam estabelecer uma forte parceria, dar as mãos e buscar conhecimentos e ferramentas práticas para lidar com os comportamentos desafiadores e de risco das crianças. Caso contrário, esses comportamentos, que no início parecem inofensivos, com o passar do tempo crescem junto com a criança e aumentam sua força. Ignorar ou não corrigir comportamentos indesejados é como criar um monstro, que, depois de grande, vai acabar atacando todos à sua volta.

Por essa razão, dentro do Instituto Liberdade estamos lutando incansavelmente para levar aos pais e educadores conhecimentos sobre como lidar com os comportamentos das crianças desde a infância até os 17 anos, ou seja, durante o período da educação básica. Como inserir limites, como comunicar de forma assertiva e sem medo, ensinando os valores e princípios para se construir um ser humano de caráter bom, preparado para a vida, para o trabalho, com autonomia e responsabilidade.

Em aproximadamente 500 a.C., o filósofo e matemático grego Pitágoras declarou: "Educai as crianças e não será necessário punir os homens." A afirmação dessa frase, apesar de ter sido feita há tanto tempo, continua sendo extremamente atual. Em sua essência, destaca que é preciso ensinar às crianças desde o início da vida os valores humanos como respeito, honestidade, verdade, generosidade, responsabilidade, autodisciplina, justiça, tolerância, empatia, bondade e amor.

Ela faz referência também à importância da educação no processo de prevenção de comportamentos de risco e para a construção de um ser humano que sabe conviver em sociedade, respeitando as outras pessoas e a si mesmo.

Estamos vivendo um momento crucial, em que é necessário um esforço coletivo e muito abrangente, envolvendo cada cidadão, as famílias, as instituições de ensino, as instituições governamentais e a sociedade civil, para transformar essa realidade atual e construir um novo jeito de conviver no mundo de hoje. Para isso, será necessário fazer um elo, compreendendo todas as transformações que já fazem parte da vida das pessoas, resgatar os valores educativos que se perderam no tempo e, ao mesmo tempo, projetar um futuro mais humano, com relacionamentos mais saudáveis.

Contudo, independentemente de buscarmos esse movimento coletivo, de acordar a sociedade para uma mudança na forma de educar as crianças hoje, queremos destacar que para que a mudança aconteça é necessário apenas uma pessoa.

A pessoa que vai transformar a realidade da sua escola, da sua família, que vai ajudar uma criança a se tornar um ser humano melhor, livre e feliz, tem o seu nome e está lendo este texto agora.

Não espere acontecer mais uma situação de agressão, não espere o poder público melhorar a segurança da escola ou fazer um curso de capacitação para os professores lidarem com as adversidades da profissão, não espere as famílias estarem mais estruturadas — aja agora. Faça a sua parte! Comece por você.

Talvez você pense que não tem todas as condições, todos os recursos, todo o conhecimento, toda a força ou até mesmo toda a coragem que você julga ser necessário para agir. Mas você pode fazer o seu melhor, com as condições e recursos que tem disponíveis no momento.

Parafraseando o filósofo Mário Sérgio Cortella: "Você pode fazer o seu melhor, na condição que você tem, enquanto não tem condições melhores para fazer melhor ainda".

Você pode observar as crianças, ficar atenta aos seus comportamentos ou às mudanças que apresentam. Você pode dar um abraço, ouvir, acolher e orientar.

Além disso, você pode buscar o conhecimento que lhe falta, lendo um livro, pesquisando um vídeo ou até mesmo exercendo a humildade ao buscar ajuda com outros profissionais, que podem contribuir com o seu conhecimento.

3.2 BULLYING: MANIFESTAÇÕES, CONSEQUÊNCIAS E SOLUÇÕES

Está cada vez mais comum ouvir falar de bullying escolar, e muitos pais preocupam-se com seus filhos e não sabem ao certo como lidar com essa situação. E, ao mesmo tempo, existe até um modismo em relação ao bullying.

Vamos começar explicando o que é bullying, afinal.

Bullying é a expressão usada para definir todo ato de violência física ou psicológica, intencional e repetitivo, que ocorre sem motivação evidente, praticado por indivíduo ou grupo, contra uma ou mais pessoas, com o objetivo de intimidar ou agredir, causando dor e angústia à vítima.

Portanto, nem todas as brigas e confusões que acontecem entre as crianças na escola, na hora do recreio, configuram bullying. Brigas e encrencas pontuais fazem parte do cotidiano das relações que se estabelecem na escola, onde muitas crianças convivem ao mesmo tempo.

ENTÃO, EM QUE MOMENTO UMA BRINCADEIRA DE CRIANÇA PASSA SER CONSIDERADA BULLYING?

Existem três características que devem ser observadas para classificar práticas de violência como bullying:

1. FREQUÊNCIA: quando as agressões físicas ou psicológicas acontecem de forma sistemática, repetem-se várias vezes e a criança passa a ser alvo de perseguição por outros colegas;
2. INTENÇÃO: quando existe uma intenção em intimidar e agredir a outra pessoa, causando dor física e emocional;
3. DESEQUILÍBRIO DE FORÇA E PODER ENTRE AS PARTES ENVOLVIDAS: como um grupo contra uma criança, ou uma pessoa bem maior contra uma menor.

Quando existem essas três características, deixa de ser uma brincadeira inofensiva e passa a causar uma série de problemas emocionais nas crianças que são vítimas de agressões, constrangimento, ofensas, danificação dos pertences, intimidação, discriminação, exclusão, ridicularização, entre outros.

Por essas situações acontecerem com muita frequência nas escolas, hoje o bullying é considerado um fenômeno mundial.

A Faculdade Latino-Americana de Ciências Sociais, em parceria com o Ministério da Educação, fez um estudo no ano de 2016 que resultou na publicação do Diagnóstico Participativo das Violências nas Escolas. Esse estudo revelou que 70% dos jovens afirmam ter visto algum tipo de agressão dentro da escola.

Práticas de bullying envolvem sempre o agressor, a vítima e o espectador. O agressor geralmente é ou está mais forte, seja fisicamente ou na capacidade de persuasão em relação à vítima, que fica impotente para reagir sozinha às agressões físicas e/ou psicológicas. Além disso, os espectadores ou testemunhas geralmente assistem sem fazer nada, porque compactuam com o fato ou porque têm medo da reação do agressor e de também passarem a ser alvo de bullying.

No Brasil existe uma lei de combate ao bullying — a Lei 13.185/2015, cujo um dos objetivos é instituir um programa para promover medidas de conscientização, prevenção e combate a todos os tipos de violência, as chamadas práticas de intimidação sistemática (bullying), com constrangimento físico e psicológico, que acontecem no cotidiano da escola ou também de forma virtual, chamada de cyberbullying.

Também no ano de 2018 foi publicada a Lei 13.663/2018, que alterou o art. 12 da Lei de Diretrizes e Bases da Educação Nacional, Lei nº 9.394/96, para incluir a promoção de medidas de conscientização, prevenção e combate a todos os tipos de violência, e a promoção da cultura de paz entre as incumbências dos estabelecimentos de ensino.

Diante dessas informações, fica evidente que existe um problema que atinge todos os tipos de escolas e classes sociais. Contudo, queremos chamar atenção para o fato de que o bullying é um problema de comportamento humano, e deve-se analisar a raiz do problema.

É nesse ponto que entra o papel da família, em todos os sentidos. Primeiro, nenhuma criança nasce sabendo o que é bullying. Os comportamentos são aprendidos e desenvolvidos a partir das experiências de vida, das relações sociais dentro e fora da família.

Se nos seus primeiros anos de vida a criança for bem trabalhada na construção dos valores humanos, aprendendo através do exemplo de seus pais o respeito à diversidade humana, compreendendo que cada pessoa é um ser único que merece respeito, ela saberá como agir, respeitando as regras para conviver com outras pessoas.

Isso também se dará se os pais trabalharem para a construção de uma boa autoestima, ensinando à criança que ela tem qualidades e pontos fortes, mas que também tem pontos fracos, que precisam ser melhorados, e que isso faz parte da vida dela e de qualquer pessoa. Se a criança construir uma identidade positiva de si, sabendo que ela é única, que não existe outro ser humano igual a ela e que não precisa se comparar às outras pessoas, ela saberá lidar melhor com as opiniões externas.

Outro fator muito importante é a construção de uma relação baseada em diálogo e compreensão, para que seu filho possa ter em você um porto seguro quando não conseguir resolver sozinho algum problema.

A solução para o problema do bullying, que vem causando tanto sofrimento a crianças e adolescentes, está num processo de parceria entre a família e a escola, que juntas devem realizar estratégias de prevenção e também de intervenção, quando o problema já estiver acontecendo.

Na prevenção, pais e educadores devem focar em ações de valorização da vida, da diversidade, da inclusão, do respeito ao ser humano, através de conversas, convivência social, leitura de livros sobre valores, de metáforas, etc. E, acima de tudo, em uma prática coerente, sendo exemplo.

Quando for necessária uma intervenção, os pais devem estar atentos a sinais manifestados pelo filho, como:

- Reclamações da escola, resistência ou choro na hora de ir ou pedidos frequentes para não ir à aula, apresentando dores de cabeça, dor de barriga, febre, entre outros;
- Fechamento, tristeza, medo;
- Queda de rendimento escolar;
- Perturbações no sono;
- Marcas físicas, como arranhões, hematomas;
- Desaparecimento de materiais escolares, etc.

Se alguns desses sinais acontecerem mais de uma vez, já é motivo de alerta. Os pais devem investigar o que está ocorrendo, seja com a criança ou indo até a escola conversar com a professora para saber sobre como seu filho se comporta.

Se o seu filho está sendo vítima de bullying, você precisa auxiliá-lo para que ele possa fortalecer a autoconfiança e aprenda a deixar de ser vítima, ou seja, para que comece a se defender, a não aceitar passivamente essa situação.

Um ponto importante para esse fortalecimento é ensiná-lo a não dar importância para o julgamento e a opinião dos outros. Cada pessoa é única e tem seu próprio jeito, gostos e preferências.

Se ele constrói uma boa imagem de si, sabe das suas capacidades e aprende a falar o que pensa, saberá lidar com mais facilidade quando tiver que enfrentar provocações, deboches ou situações desse tipo.

Dependendo da situação, se o problema já tomou uma proporção maior, os pais podem buscar o atendimento de um profissional em PNL para ressignificar traumas e trabalhar novos recursos para superar desafios.

Mas se o seu filho for o agressor e praticar bullying com os colegas, você deve também intervir, compreender as causas, o que está o levando a agir dessa forma e resgatar essa criança, reeducando-a e investindo na mudança dos seus comportamentos. Deixe claro que você não tolera essas atitudes, estabeleça regras, monitore seu comportamento na escola e aplique consequências, se necessário.

Outro ponto que pode ser analisado é como canalizar essa energia para coisas produtivas. Geralmente, a pessoa que pratica bullying tem poder de influenciar, gosta de plateia e de chamar a atenção. Seu espírito de liderança está sendo utilizado para o lado errado. Então, essa criança ou jovem precisa também de ajuda para mudar os comportamentos indesejados.

Da parte da escola, a intervenção deve se dar através de um projeto pedagógico que valorize o respeito à diversidade humana, da formação dos professores para identificar e lidar com situações de bullying e da prática sistemática de rodas de conversa, para mediar conflitos, trabalhar empatia, reciprocidade e valores humanos. Mas, além disso, também estabelecer regras claras, de conhecimento de toda a comunidade escolar, com a definição das consequências quando estas não forem cumpridas.

A escola precisa desenvolver estratégias de ação — que vão desde profissionais para acompanhar horários de entrada e de saída, recreio, uso dos banheiros, até instalação de câmeras e tecnologias de segurança, quando for possível — para monitorar, investigar situações suspeitas de agressão e poder dar suporte e proteção aos alunos que estão passando por situações ameaçadoras. E, ao mesmo tempo, para trabalhar com a responsabilização daqueles que praticam as agressões.

As regras de convivência dentro da escola devem ser construídas com a participação de todos os sujeitos envolvidos no processo educativo, descrevendo os princípios de convivência, os objetivos a serem alcançados e as ações que devem ser feitas por todos, para uma convivência baseada no respeito e na autorresponsabilidade. Também devem ser previstas as consequências para os casos de descumprimento de alguma regra. As normas de convivência ficam registradas no Projeto Político Pedagógico da escola, que é o documento que representa a identidade de uma escola.

Pais, professores e alunos devem somar forças para juntos mudarem essa cultura da violência escolar, pois a escola deve ser um lugar de aprender, fazer amigos e ser feliz.

3.3 QUANDO O COMPORTAMENTO DE RISCO ESTÁ OCULTADO

Dando sequência a essa abordagem sobre os comportamentos de risco, vamos agora analisar o problema sob um outro ponto de vista. Até aqui, falamos das situações em que é possível identificar o aluno que apresenta risco para os demais colegas da escola, devido às suas manifestações de agressividade, aos comportamentos desafiadores ou até mesmo por já ter antecedentes de envolvimento em brigas e discussões.

No entanto, muitas vezes o perigo está escondido no silenciamento: aquele aluno que é calmo, calado, que não se manifesta de forma a chamar atenção, que não incomoda, enfim, que passa despercebido porque os professores estão ocupados com os alunos agitados, indisciplinados ou que estão aprontando alguma coisa.

As crianças naturalmente têm energia, manifestam-se de alguma forma com atitudes, movimentos e palavras. Se uma criança apresenta constantemente comportamentos contrários a estes, que são próprios de crianças, deve-se ligar um botão de alerta na mente dos educadores: dos pais, em casa, e principalmente dos professores, na escola.

Se uma criança não interage, não faz perguntas, apenas fica quieta no seu canto na sala de aula, deve-se prestar mais atenção e intensificar ações para fazer com que ela participe mais, trazer a criança para sentar mais perto da professora, chamar sua atenção fazendo perguntas para integrá-la nas conversas e nas brincadeiras.

Algumas situações consideradas tóxicas vivenciadas no ambiente familiar podem fazer com que uma criança manifeste retraimento por não ter condições emocionais nem maturidade para lidar com tais problemas. Dentre essas situações há a violência doméstica e familiar, o abuso sexual, o alcoolismo e o uso de drogas por parte dos pais.

Todos os seres humanos são seres emocionais. Uma das emoções básicas que todos possuem é a raiva, que, se não for bem utilizada, é a que tem o maior poder de destruição. A raiva sem controle pode destruir relacionamentos ou acabar com a paz de uma família.

As crianças sentem raiva e, na maioria das vezes, não sabem como liberar essa energia. Observemos as situações a seguir:

EXEMPLO I:

Uma criança convive com a situação de violência do pai alcoólatra, que bate na mãe e nos irmãos, e também é agredida frequentemente.

Como ela ainda não tem condições físicas de se defender, nem de defender a sua mãe e irmãos, sente uma revolta muito grande; a raiva é muito forte dentro de si. Como não sabe lidar com a raiva, guarda-a dentro dela, retrai-se e começa a fortalecer o pensamento de que, quando tiver condições, vai acabar com o agressor. O tempo passa e aquela criança que pode ter ficado muito tempo fechada e submissa tem uma explosão de raiva, assume a posição de agressor e bate no pai.

Essa situação de exercer sua força faz com que ela sinta que tem a capacidade de se defender e, inconscientemente, pode desenvolver o comportamento da agressividade. De acordo com as pressuposições básicas da PNL, todo comportamento tem uma intenção positiva e todo comportamento foi útil no momento em que foi criado.

No exemplo acima, atrás do comportamento da agressividade, a intenção positiva pode ser a de proteção da própria vida. E, em situações posteriores, o medo de sofrer alguma agressão faz com que se ataque antes.

Muitos casos de violência na escola acontecem movidos pela emoção do medo. Quando uma pessoa se sente ameaçada de alguma forma, ela torna-se reativa, utilizando seu sistema de proteção, isto é, ataca primeiro ou corre do perigo.

Em casos de medo, é comum alunos levarem armas (como facas, canivetes, soqueiras e até mesmo armas de fogo) para se protegerem de uma agressão. Sem dúvida, essas são as situações mais perigosas, pois a raiva contida é como uma panela de pressão prestes a explodir. Caso não haja uma válvula de escape, os danos podem ser enormes.

Esse conhecimento ajuda a compreender aqueles casos de alunos que aparentemente eram tranquilos e passam a agir agressivamente.

EXEMPLO 2:

Um aluno tranquilo faz todas as tarefas, é aprovado nas avaliações e tem poucas interações com colegas, mas aparentemente não apresenta problemas de relacionamento que causem preocupação. Em um determinado dia, leva um canivete para a escola e fere gravemente um colega.

O fato causa surpresa em todos da escola, que não esperavam que aquele aluno especificamente fosse capaz de praticar um ato de violência.

Contudo, fazendo uma pesquisa na história de vida desse aluno, descobre-se que ele foi alvo de bullying por muito tempo, tinha baixa autoestima e passou por situações de violência física e emocional. A forma como a mente desse adolescente foi processando as experiências que teve e os significados que ele foi dando para os fatos da sua vida fizeram surgir comportamentos como a vingança e até mesmo condutas antissociais. A raiva contida e silenciada foi guardada, e, numa reação impulsiva ou num ato de coragem por possuir uma arma na mão, a raiva é colocada para fora, fazendo estragos com consequências muitas vezes irreversíveis.

Assim como esse exemplo, muitos casos semelhantes já aconteceram, como os massacres em escolas no Brasil e no mundo.

Aqui fica um alerta aos pais e professores: todos os comportamentos de risco deixam sinais. No entanto, para perceber esses sinais é preciso estar atento, pois eles podem ser mudanças repentinas de comportamento, isolamento social, afastamento dos amigos, preferência por ficar sozinho, perda do interesse por atividades que antes fazia, instabilidade emocional, oscilação de humor, tristeza profunda, apatia ou uso de substâncias químicas.

Outros sinais podem ser manifestados através dos gostos, como o gosto por bandas de hardcore e punk — um estilo musical caracterizado por ser agressivo e ao mesmo tempo emocional, cujas letras trazem assuntos como tristeza, conflito ou raiva —, por funk pesado ou então por poemas trágicos, com conteúdo sobre morte, violência, tristeza...

Uma infância e adolescência saudáveis, com equilíbrio emocional, é uma construção da família e da escola, somando esforços e apoiando-se nas ações.

A escola e os professores desempenham um papel fundamental na intervenção e prevenção dos comportamentos de risco, desde a sua observação e identificação, na orientação e direcionamento para atividades que promovam a saúde emocional das crianças e adolescentes, até projetos extracurriculares que trabalhem a expressão artística (como a música e a dança), a prática de esportes, a prática de artes marciais e também oficinas pedagógicas que trabalhem projetos de vida, despertando sonhos e objetivos.

3.4 DROGAS: O DESPERDÍCIO DA VIDA

Vamos abordar um tema que aterroriza muitos pais: a preocupação de que os filhos façam uso de drogas ilícitas.

Prepare-se, pois nossa abordagem será técnica, mas também poderá ser polêmica dependendo da sua realidade.

Além do álcool e do cigarro, consideradas drogas lícitas, isto é, que são comercializadas e consumidas legalmente — como se não produzissem dependência e prejuízos à saúde —, existem muitas outras substâncias viciantes, as chamadas drogas ilícitas, consideradas proibidas.

Infelizmente, à medida que surge, durante a adolescência, um impulso para explorar o que é diferente, o uso de drogas que alteram o estado mental muitas vezes se torna um atrativo aos adolescentes. As drogas afetam o desenvolvimento emocional, social e familiar, com prejuízos para uma vida toda.

As drogas são substâncias químicas utilizadas para ativar um sistema de recompensa e sensação de prazer. Todas elas alteram os neurotransmissores e os padrões éticos do comportamento pessoal e relacional.

Os neurotransmissores são aqueles mensageiros responsáveis pela comunicação entre os neurônios, que são as células do sistema nervoso. Cada um desses mensageiros tem sua função: podem estar relacionados às emoções, à memória, ao humor, à concentração, ao aprendizado, ao sono ou aos mecanismos de recompensa.

De acordo com os estudos científicos, existem cinco impulsos básicos que podem levar ao consumo de drogas na adolescência, que são: experimentação, conexão social, vício prévio, insegurança ou falta de confiança e busca por resultados nos estudos.

A simples curiosidade de experimentar algo diferente faz com que muitos adolescentes caiam na armadilha das drogas, devido à liberação da dopamina, que é o neurotransmissor responsável pela gratificação e pelo prazer. Ainda mais na fase de onipotência juvenil, quando acham que podem tudo, que nada os atinge e que as drogas não viciam.

O vício é a consequência da continuidade do uso de alguma droga que ativa o sistema de dopamina, buscando a repetição da mesma sensação. Contudo, o que acontece é que, para alcançar o mesmo efeito, doses mais frequentes ou em maior quantidade são necessárias. E, devido à dependência que essas substâncias causam, a pessoa perde o controle da sua vida.

A insegurança e a falta de confiança que muitos adolescentes têm, por não acreditarem na sua capacidade, por não saberem lidar com suas emoções, não terem coragem de enfrentar seus medos, os levam a buscarem essa compensação nas drogas.

A busca incessante por resultados nos estudos e a procura de atalhos faz também com que muitos estudantes entrem nesse universo.

Infelizmente, para esses jovens que buscam a compensação de alguma coisa na sua vida, ou simplesmente a experimentação, existem muitos tipos de drogas. Seus efeitos são avassaladores e, por vezes, irreversíveis. Existem os seguintes tipos de drogas:

- ESTIMULANTES: aceleram o funcionamento do cérebro, como a cocaína e a anfetamina;
- DEPRESSORAS: diminuem a velocidade do cérebro, como os inalantes, os solventes e a heroína;

- PERTURBADORAS: alteram o funcionamento do cérebro, como os alucinógenos, as drogas sintéticas e as naturais, por exemplo, a maconha.

Um grande impulsionador para o uso de drogas é o convívio social contaminado. Já foi pesquisado e comprovado que a atividade de beber em grupos é um dos principais fatores que levam os adolescentes a usarem outras drogas, como uma das mais comuns, que é a maconha.

Aqui, cabe um alerta aos pais: existem muitas drogas cujo uso está diretamente associado a festas, especialmente as de longa duração, como raves ou shows. É o caso das drogas sintéticas, que são aquelas produzidas por uma substância química ou pela mistura de várias, alterando o funcionamento do cérebro e causando alucinações, euforia ou ilusões.

Dentre as mais comuns estão o LSD e o *ecstasy*. O LSD provoca distorções sérias no funcionamento do cérebro. O usuário sente-se um "super-homem" ou uma "mulher maravilha", é incapaz de avaliar situações de perigo e tem alucinações e desorientação, podendo inclusive colocar sua vida em risco. O LSD apresenta-se em várias formas diferentes: cápsulas, tiras de gelatina, micropontos ou folhas de papel secante (como selos ou autocolantes), que são a forma mais comum.

O *ecstasy* é uma droga produzida em laboratório, derivada da anfetamina. Uma pílula ou comprimido garante seis horas ou mais de embalo sem parar. Seus efeitos são euforia, agitação, excitação, sociabilidade e uma forte sensação de amor ao próximo, levando a uma vontade incontrolável de contato físico e sexual. É comercializada em diversos tamanhos, tipos e cores, sendo identificada por desenhos como sorrisos, sol, lua e afins. Também é conhecida como bala, droga de recreio ou pílula do amor.

Ainda, surgiu nos últimos anos uma droga chamada de *zumbi*. Também conhecida como *sais de banho*, tem efeito assustador e é extremamente perigosa: além da dependência química, deixa seus usuários irreconhecíveis, transformados em "zumbis", com capacidade de atacar outras pessoas.

Conhecer um pouco sobre esse universo das drogas pode ser muito tenso e até desconfortável, mas é um conhecimento que os pais e os professores devem ter, pelo menos minimamente, para poderem estar alertas e prevenir esses riscos com seus filhos e alunos.

A vida é o bem mais precioso. E quando falamos da vida de um filho, de uma filha, de uma pessoa que está ainda crescendo e se desenvolvendo, estamos falando de algo muito sério e que exige atenção total.

É importante pensar que nenhum problema cai de paraquedas numa família, de repente, sem motivo algum. Muitas vezes ele começa lá atrás, na infância, quando aquela criaturinha tão fofa e bonitinha fazia birra para conseguir o que queria e os pais cediam. Ou quando tinha todas as vontades atendidas, para não se frustrar. Dessa maneira, aprenderam a ser compensados ou recompensados quando choravam. Muitos filhos crescem só ouvindo SIM, pensando que podem fazer o que querem.

Então chegam à adolescência e os problemas surgem?

NÃO! Os problemas já existiam. Agora eles só mudaram de tamanho, cresceram junto com os filhos.

A melhor prevenção às drogas é a educação desde a base, que promove autoestima, responsabilidade, ensina valores e estabelece limites. Tudo isso precisa se repetir, ano após ano, acompanhando o crescimento dos filhos.

JÁ DIZ O DITADO POPULAR:
É MELHOR PREVENIR DO QUE REMEDIAR.

Pratique ações preventivas simples, mas muito efetivas:

- Dialogue abertamente com seus filhos, conversando a respeito das drogas, alertando sobre a ilusão que esse mundo é. Quanto mais tempo você dedicar para estabelecer uma relação de amizade e confiança, mais você irá conhecer seu filho e saberá quando ele estiver com algum comportamento diferente;
- Imponha limites e regras claras, pré-estabelecidas;
- Insira a prática de um esporte ou de alguma habilidade artística, que pode ser uma forma de canalizar energia e trazer muita satisfação nessa fase.
- Estimule sonhos e projetos de vida, e ajude seu filho a ter foco;
- Monitore com quem seu filho anda e dialogue com os outros pais;
- Leve e busque seu filho nas festas ou nos eventos;
- Fique atento a mudanças comportamentais e de humor.

Acreditamos que perder um filho ou uma filha para o mundo das drogas é um preço muito alto a se pagar. É uma vida que se desperdiça, uma família que desmorona, e toda a sociedade perde com isso.

Por isso, nosso propósito com esse livro e também com o Treinamento Formando Pais é preparar você para percorrer a jornada da criação dos seus filhos, sabendo como agir em cada fase do desenvolvimento, sem medo, com coragem e convicção. Sabemos que é uma jornada desafiadora. Mas sabemos também que, cuidando do principal, o valor da vida, e fazendo o básico bem feito, que é dar amor e limites, essa jornada tende a ser uma experiência maravilhosa.

Já na parte que cabe à escola, além de reforçar a parceria com a família, vale destacar aqui neste ponto específico que ela precisa trabalhar em todas as etapas do ensino para colocar em prática uma das competências gerais da Base Nacional Comum Curricular (BNCC) para a Educação Básica:

8. *Conhecer-se, apreciar-se e cuidar de sua saúde física e emocional, compreendendo-se na diversidade humana e reconhecendo suas emoções e as dos outros, com autocrítica e capacidade para lidar com elas* (BRASIL, 2018, p. 9).

E como isso pode ser feito na prática?

- **Desenvolvendo inteligência emocional:** ensinando sobre as emoções básicas, que são o medo, a raiva, a tristeza e a alegria;
- **Trabalhando o autoconhecimento e a autocrítica:** ensinando os alunos a reconhecerem seus comportamentos, seus erros e suas qualidades, identificando as áreas a melhorar;

- **Ensinando o autocuidado:** incentivando os alunos a terem bons hábitos de saúde, como a prática de atividade física, de higiene e alimentação saudável.
- **Ensinando autorregulação:** compartilhando estratégias para lidar com o estresse, controlar impulsos e resolver conflitos do dia a dia, melhorando a comunicação e respeitando as diferentes opiniões;
- **Ensinando a tomar decisões com base em valores** e aprender a resistir às influências externas, como tomar a decisão de dizer NÃO às drogas e a tudo que prejudica a vida;
- **Construindo um ambiente saudável e seguro**, através do acolhimento dos alunos e suas famílias, fazendo parcerias para garantir a segurança, afastando possíveis riscos.

3.5 O USO DE MEDICAMENTOS E SUAS CONSEQUÊNCIAS

Agora, abordaremos um outro ponto que também vem trazendo diversas consequências negativas para a saúde física e emocional das pessoas de diferentes idades, que é o uso muitas vezes indiscriminado dos remédios.

Um grande impulsionador para o uso de drogas é a automedicação e a utilização de medicamentos sedativos, como calmantes para controlar a ansiedade ou estimulantes em casos depressivos.

Aqui, vamos tocar num assunto bem delicado. Estamos vivendo um período em que não só os adolescentes, como os adultos e as crianças estão expostos a muitos medicamentos.

As crianças agitadas demais, ou com energia acumulada, "precisam" de medicamento para déficit de atenção e hiperatividade. Os adolescentes não estão sabendo lidar com suas emoções, frustrações, "precisam" de antidepressivos. Os adultos não estão gerenciando suas vidas, vivem muito estressados com o trabalho e têm muitas preocupações, "precisam" de ansiolíticos. Isso sem contar os medicamentos para o sono, para o humor...

Essa realidade é, no mínimo, assustadora. O consumo de tranquilizantes, ansiolíticos e antidepressivos passou a ser normal dentro das casas.

Medicamentos com anfetamina, por exemplo, são utilizados como antidepressivos, moderadores de apetite, para déficit de atenção e hiperatividade infantil. As anfetaminas produzem efeitos semelhantes à cocaína, e seu uso prolongado destrói os neurônios e seus neurotransmissores.

Já os medicamentos para ansiedade, que têm como base química principal a benzodiazepina, se utilizados sem um rigoroso cuidado médico e por tempo prolongado, podem causar confusão mental, perda de memória, raciocínio lento, "brancos" ou "pane" na memória, além de dependência química e psicológica.

Os indutores do sono ou barbitúricos, utilizados para combater a insônia, também causam dependência, afetando diretamente o cérebro e os sistemas respiratório e circulatório.

Existem também os esteroides, anabolizantes utilizados para aumento da massa muscular, que causam vários problemas à saúde, como aumento da pressão arterial, dilatação do coração, infertilidade e até câncer no fígado.

Parece que falar de drogas é bastante complexo, e muitas vezes o problema começa dentro da própria casa. Reflita conosco: como podem os filhos crescerem saudáveis, equilibrados emocionalmente e felizes se seus pais, que são a sua base, o seu alicerce, não são exemplos de saúde e equilíbrio emocional?

Como os pais poderão fortalecer a saúde dos seus filhos, se carregam uma "farmácia" na bolsa, têm remédios espalhados pela casa e o hábito de se automedicar por qualquer coisa?

Com todas as transformações que o mundo vive hoje, em pleno século XXI, a vida das pessoas teoricamente deveria estar melhor, mas o que percebemos é que algo muito importante e essencial se perdeu.

Parece que a sociedade, de um modo geral, entrou no piloto automático. As pessoas se afastaram dos valores básicos e das coisas simples da vida, como conviver de verdade com os familiares, relacionar-se com os amigos, falar olhando nos olhos ou ouvir o que os filhos ou o cônjuge têm a dizer. Estão vivendo uma vida apenas para o externo, um mundo fictício, irreal, ou melhor, virtual. Vivem para mostrar aos outros o que fazem, o que têm, aonde vão e, por dentro, estão vazias dos sentimentos que fazem a vida valer a pena.

Muitas famílias estão doentes, carentes, perdidas. Buscando fora a solução que está dentro de cada pessoa, que é aprender a controlar suas emoções e resgatar o amor. E, quando falamos de amor, é amor-próprio, amor pelas pessoas, pela vida, pela família, como a base mais importante para um ser humano crescer e se desenvolver.

Acreditamos que para termos uma geração de crianças e adolescentes mais saudáveis, livres e felizes, será necessário resgatar a importância, a força e o poder das famílias. E, para que isso aconteça, pais e mães precisarão se fortalecer, se reinventar, buscar conhecimento e aprender a lidar com os desafios do dia a dia e a educar melhor suas crianças.

Essa é uma escolha dos pais e mães, que precisarão de coragem para se transformarem e melhorarem a saúde da família e, acima de tudo, de muito amor para persistirem firmes nesse propósito.

É uma jornada de evolução, que começa na mente de cada pessoa, mas que aos poucos vai provocando mudanças ao redor. Os resultados positivos serão inspiração para outras pessoas também começarem essa jornada.

Se depois de tudo o que leu até aqui você gostaria de mergulhar num universo de autoconhecimento, para que realmente possa se conhecer melhor, existe um caminho para isso. Dentro do Instituto Liberdade, temos um treinamento chamado Emagreça com Prazer[2], que, apesar de ter esse nome, é um treinamento de vida. Quem precisa emagrecer fisicamente, emagrece em média 20 kg, num curto espaço de tempo. E quem precisa tratar suas emoções e se livrar de medicamentos como os mencionados anteriormente, emagrece sua mente, deixando para trás medos, mágoas, angústias, situações desafiadoras do passado e preocupações desnecessárias, que tiram a sua paz, causando sofrimentos como ansiedade, estresse e até mesmo depressão.

Nosso sonho no Formando Pais é formarmos uma grande família, composta de famílias que escolheram sair des-

---

2. Informações sobre o Treinamento Emagreça com Prazer podem ser obtidas no WhatsApp (53) 98402-9821 ou através do site: iliberdade.com/emagrecacomprazer

se ciclo vicioso e começar um novo jeito de caminhar, de amar e ser feliz.

Se não fizermos alguma coisa hoje, pelas nossas crianças e pelas famílias, a tendência é que num futuro bem próximo já seja tarde demais.

Sabemos, como diz a frase de Chico Xavier, que não podemos voltar atrás e fazer um novo começo, mas podemos começar agora e fazer um novo fim.

3.6 LIDANDO COM SITUAÇÕES DE AUTOAGRESSÃO

A automutilação, também chamada de autolesão ou autoagressão, vem afetando a vida de um número considerável de adolescentes. Especialmente na última década, esse problema aumentou e atinge adolescentes de uma faixa etária cada vez mais baixa.

O QUE É A AUTOMUTILAÇÃO?

Em primeiro lugar, cabe destacar que a automutilação é considerada um comportamento, e não uma doença em si. É um sinal de que algo está errado emocionalmente. Consiste na prática de agredir o próprio corpo, que pode acontecer de diferentes formas. A mais comum é fazer pequenos cortes na pele, mas a pessoa também pode bater em si mesma, arranhar-se, morder-se, arrancar os próprios cabelos ou unhas, furar-se com agulhas ou praticar qualquer outra autolesão. Essas lesões geralmente são feitas em lugares que podem ser escondidos com as roupas, como braços, pernas e barriga. Os adolescentes que praticam automutilação geralmente passam a usar mangas longas e param de usar shorts ou bermudas, mesmo nos dias de calor.

O que leva um adolescente ou até mesmo uma criança de 11 anos chegar ao ponto de agredir o próprio corpo?

Em muitos casos, a automutilação é consequência da falta de segurança emocional que muitos adolescentes têm nessa fase da vida em que ocorrem tantas mudanças. É um reflexo da incapacidade de lidar com seus próprios sentimentos, como angústias, medos, tristeza e conflitos. Também pode ter relação com a punição por alguma atitude, ódio de si ou autoestima baixa. Os adolescentes veem nessa prática uma troca da dor emocional pela dor física.

A raiva de si geralmente acontece por uma situação de inação ou omissão, ou seja, surge por não se conseguir agir diante de uma intimidação ou agressão, por exemplo. O adolescente sente-se covarde e passa a agredir a si mesmo por isso.

Muitos especialistas nas áreas da saúde, da educação e da sociedade de modo geral têm demonstrado preocupação com o tema, buscando ações de identificação, prevenção e tratamento.

De acordo com as análises de todas essas áreas, há um consenso de que a maioria dos adolescentes que praticam a automutilação não têm equilíbrio emocional, ou possuem um histórico de problemas — que podem ser familiares, como abandono de um ou ambos os pais, rejeição, abuso sexual, violência física ou psicológica, de identidade, devido à orientação sexual, ou relacionados à vida escolar, como o fato de serem vítimas de bullying por um longo período.

No que se refere à orientação sexual na adolescência, cabe aqui ampliar um pouco a análise, trazendo alguns pontos importantes para que os pais analisem esse assunto do ponto de vista comportamental.

Quando falamos de adolescência, estamos falando de uma fase da vida extremamente confusa. Hoje, com todas as influências das mídias, como a TV aberta brasileira, incentivando a distorção da sexualidade, temos um segundo agravante, não menos importante, que é a **precocidade** do início da vida sexual.

Não é incomum visitarmos cidades em que nos deparamos com crianças de 9, 10, 11, 12, 13 anos, com a vida sexual ativa, muitas vezes com consentimento dos pais. Outras vezes, os vemos "tapando o sol com a peneira", fingindo que não veem a situação acontecer. Talvez esse possa ser um dos maiores motivos para o aumento de gestações indesejadas na adolescência, de forma inconsequente e sem preparo nenhum, prejudicando absolutamente a estrutura familiar, arrastando o problema para mais uma geração.

Reflita: como pode uma criança educar outra criança?

Voltando à sexualidade, também é preciso levar em conta que a primeira experiência sexual de uma pessoa é muito importante para o desenvolvimento da mesma. Quanto mais cedo ela acontece, maior é a tendência de que seja desconfortável, estranha, dolorida e até mesmo invasiva.

Se essa fase não for bem conduzida pelos pais ou criadores, muitas crianças acabam não respeitando o tempo de maturação, agindo de forma precipitada e incompatível com sua idade, gerando reflexos para toda uma vida.

Todas essas situações acabam gerando traumas, medos, frustrações e até mesmo culpa, provocando confusão na mente da criança ou adolescente.

Queremos também alertar que existe um universo perigoso e desconhecido de muitos pais: a internet, onde circulam muitos conteúdos inadequados. Existem comunidades e grupos nas redes sociais de jovens que praticam automutilação e fazem postagens induzindo à prática das mais variadas formas de agressão e desafios contra a própria vida. Essa influência social faz com que alguns adolescentes adotem esse comportamento como uma forma de busca por identidade ou pertencimento.

Devido a essa situação, já foi aprovado pela Câmara Federal, em outubro de 2019, o projeto de lei que classifica como crime induzir pela internet crianças e adolescentes à automutilação.

Contudo, apesar de todas as colocações iniciais feitas, aqui nossa abordagem será totalmente direcionada aos pais, pois a grande questão que deve ser levada em conta é a origem do problema, ou seja, as causas que estão levando esses adolescentes a gerarem essa dor física.

A primeira pergunta que deve ser feita é: por que esse adolescente está manifestando esse comportamento?

Quando paramos para pensar nisso, nos deparamos com uma situação que muitos pais não querem descobrir. As respostas são encontradas no processo de criar, de cuidar e de educar essa criança. Percebe-se que falta valorização da vida, falta ensinar o sentimento de gratidão. Isso significa que ocorreram situações ou acontecimentos que levaram essa criança a se perder, perder sua segurança, suas referências e não dar valor à própria vida.

Apesar das mais variadas justificativas individuais, como as fragilidades emocionais, existe uma causa por trás de tudo, que está na origem pela qual todas as demais causas acabam passando, que podemos chamar de causa raiz.

A causa raiz está ligada à base da criação, ao afastamento afetivo dos pais em relação aos filhos e à falta de limites, dosados com amor.

A base da segurança emocional de qualquer criança está no amor e nos limites. Uma educação sem limites, por mais que tenha carinho, deixa os filhos inseguros, sem referências para agir, e isso afeta inclusive a imagem que têm de si. Contudo, uma educação só com limites, sem o vínculo de amor e carinho, pode provocar um sentimento de revolta, carência e baixa autoestima.

A educação que defendemos é a do amor que cuida e ensina. Essa é a solução raiz também. E amar é controlar, estabelecer limites, fazer cumprir regras e ensinar responsabilidades. Isso é o que vai dar segurança emocional para uma criança e adolescente. Se os filhos se sentirem seguros emocionalmente, eles não terão carências, angústias e, consequentemente, não terão necessidade de compensação, de chamar atenção.

Portanto, acreditamos que o tratamento e a prevenção da automutilação devem ser feitos com os pais, e não com os filhos. Afinal, a origem está na base familiar.

Na maioria das vezes, o problema da automutilação é descoberto na escola e os pais só ficam sabendo depois, quando são chamados para encaminhar esse adolescente para tratamento.

Muitas vezes, o professor é a primeira pessoa que percebe os sinais de autoagressão, através da mudança de comportamento, ou porque é a maior referência de confiança para aquele aluno. Mesmo que o professor acolha esse aluno com empatia e compreensão, ele deve entender que essa situação deve ser compartilhada com a equipe escolar responsável, seja o Orientador Educacional, a Coordenação Pedagógica ou a Direção, e também com o responsável por esse aluno. Buscar um diálogo aberto com os pais ou responsáveis, dando a eles o mínimo de conhecimento para lidar com a situação, é a melhor forma de ajudar. E quando falamos em oferecer algum recurso, podem ser as ferramentas ensinadas neste livro.

O período de maior vulnerabilidade está na fase dos 12 aos 17 anos, a adolescência, período em que ocorrem várias mudanças no corpo, nos sentimentos, nas emoções, na forma de ver o mundo e também no cérebro. E é justamente nessa fase que os jovens mais precisam de orientação e base emocional.

Contudo, se no ambiente familiar existirem problemas de relacionamento entre pais e filhos, se os filhos não tiverem oportunidades de falar sobre o que estão sentindo, sobre suas dúvidas e medos, se não houver espaço para uma conversa aberta, sem julgamentos, e fortalecimento de vínculos afetivos, as crianças e adolescentes passam a distanciar-se dos seus pais, pois não sentem confiança neles e acabam, muitas vezes, buscando esse apoio fora de casa, com amigos reais e virtuais, ou ficando sufocados com suas carências, angústias e tristezas.

Entenda que isso não significa ser "amiguinho(a)" do filho, mas sim estabelecer como regra uma relação de confiança em que eles se sintam seguros para serem autênticos e verdadeiros.

Se você é da geração de 1980 a 2000, talvez ainda se lembre dos seus pais dizendo: "Não importa o que você fez de errado, conte a verdade antes que eu saiba dela por outra pessoa, quebrando a confiança que tenho em você!"

Aqui cabe um alerta aos pais: quando crescem, os filhos continuam precisando de carinho, abraços, beijos e atenção. Mesmo que eles digam o contrário, é necessário dedicar um tempo para cultivar o relacionamento familiar e acompanhar as mudanças que estão ocorrendo na vida dos filhos. Se isso não acontecer, os pais perderão a oportunidade de consolidar os vínculos afetivos, e os filhos passarão a ser como estranhos dentro de casa, pois os pais não reconhecem mais quem são eles.

Um erro muito comum dos pais quando os filhos crescem, a fim de respeitar o seu espaço ou até mesmo por não saber lidar com certa resistência destes, acabam parando de dar carinho, como colo e abraços, deixando de manter o contato físico e acolhedor, tão necessário para alimentar a aproximação ao longo da vida.

Aceitando que os filhos "não gostam mais" de carinho, não entendem que isso é uma imaturidade da fase que estão vivendo, que tem a ver muito mais com o medo do julgamento externo e com a opinião dos outros, "os amigos", do que com o que eles realmente pensam.

Lembre-se que você é o adulto da situação e não deve se intimidar pelas atitudes imaturas dos filhos. Sendo assim, mantenha os gestos de carinho e também ensine seus filhos a fazerem o mesmo com você. Isso faz parte da base para o fortalecimento do relacionamento entre pais e filhos.

Infelizmente, percebemos algumas realidades de famílias em que cada pessoa está envolvida com seus afazeres, vivem numa rotina de correria e, quando chegam em casa, cada um vai para seu canto, ou melhor, conectam-se no mundo virtual e desconectam-se totalmente do mundo real.

Crianças e adolescentes precisam de pais presentes emocionalmente para sentirem segurança e confiança.

Acreditamos que as seguintes práticas, se adotadas pelos pais, serão medidas preventivas para problemas futuros, ou podem até mesmo mudar uma realidade que já está posta:

- O primeiro passo é resgatar a prática do diálogo, conversar com seu filho, exercitando muito mais a escuta do que a fala. Com isso, será possível compreender o que ele está pensando, sentindo... Deixe seu filho falar sobre seus sentimentos, escute-o, ouvindo tudo que ele tem a dizer.
- É importante lembrar que seus filhos existem e têm sua personalidade própria, sentimentos, gostos e preferências que podem ser diferentes das suas. Para isso, entenda a diferença entre flexibilizar e se omitir. Flexibilizar é entender que o filho tem a sua personalidade, seu jeito próprio de ser e de interagir com o mundo, enquanto omitir-se é aceitar que os filhos adotem comportamentos inadequados ou violem valores, tendo como justificativa o seu estilo de vida ou modismos. Conduza esses gostos e preferências de acordo com os valores da sua família.
- Crie momentos em família, sem celular, sem internet, para conviver e conversar. Esses momentos podem ser numa refeição, num passeio... Não

precisa ser diariamente, se não for possível. O importante é criar uma rotina na semana, adaptando-a a cada realidade.
- Estabeleça os limites e as regras a serem cumpridas! Isso é fundamental para a construção de uma base sólida.
- Controle o tempo de uso da internet, especialmente o uso antes de dormir.
- Mantenha abraços e beijos, independentemente da idade do seu filho.

Com ações simples e a presença de pais conscientes de seu papel, acompanhando seus filhos ao longo do seu desenvolvimento, nas suas diferentes fases, estes terão uma estrutura emocional para se desenvolver e não sentirão necessidade de chamar atenção e buscar compensações que prejudiquem suas vidas.

Lembre-se: quando as raízes são profundas, não há por que temer o vento.

3.7 COMO LIDAR COM A INFLUÊNCIA DIGITAL E VIRTUAL: TECNOLOGIAS, REDES SOCIAIS, *YOUTUBERS*...

Como educar na era digital?

Essa é uma pergunta que passa pela cabeça da maioria dos pais e professores, pois a geração de crianças de hoje já nasceu no mundo conectado, na era digital.

Se existe algo que faz parte da vida da grande maioria das famílias, são as atrativas tecnologias digitais: *smartphones*, iPhones, *tablets*, *notebooks*, plataformas virtuais...

Depois das mudanças no estilo de vida provocadas pela pandemia, intensificou-se infinitamente a utilização do mundo tecnológico e virtual. Hoje, cada vez mais vem se desenvolvendo dentro da ciência da computação a inteligência artificial, que busca criar máquinas e programas de computador semelhantes aos seres humanos, com a capacidade de aprender e resolver problemas.

As crianças estão tendo acesso a esse mundo virtual cada vez mais cedo. Às vezes, desde o dia em que nascem os aparelhos digitais já estão presentes, o que sem dúvida vem causando uma mudança no jeito de educá-las e, consequentemente, interferindo no seu desenvolvimento.

Se as crianças já estão absorvidas pelo mundo tecnológico, muito mais estão os adolescentes que utilizam a internet para praticamente tudo: lazer, entretenimento, relacionamento, pesquisa, compras...

Não resta dúvida que a tecnologia chegou para ficar e transformou a vida das pessoas no mundo inteiro. Podemos dizer que o avanço tecnológico veio para facilitar a vida das pessoas em muitos aspectos. Quanto aos benefícios, não é necessário discuti-los aqui.

O que queremos é fazer uma abordagem educativa, pois essa revolução tecnológica, que transformou o mundo rapidamente nos últimos anos, também provocou mudanças no contexto familiar, alterando a forma de se relacionar e se comunicar, definindo novos jeitos de agir e de se comportar no mundo.

Por isso, acreditamos que precisamos construir estratégias educativas para lidar com essa realidade atual, de forma que nossos filhos tenham a oportunidade de se beneficiarem da tecnologia, sem sofrerem prejuízos no próprio processo de desenvolvimento por seu uso inadequado.

Quando falamos em avanço tecnológico e criação de filhos, estamos falando diretamente da influência da internet e de todas as suas redes sociais na vida das pessoas, sejam elas crianças ou adultos.

O acesso à internet hoje se popularizou tanto que, segundo a Pesquisa Nacional por Amostra de Domicílios, divulgada no ano de 2022, 90% dos lares brasileiros têm acesso à internet no Brasil.

Apesar de sabermos que esses dados sofrem alterações constantemente devido à velocidade das mudanças, uma coisa é certa: cada vez mais a vida das crianças e adolescentes está voltada para o mundo digital e virtual — o que, do ponto de vista emocional e comportamental, deve ser visto com muita atenção e responsabilidade pelos pais e professores.

Se a vida na internet está absorvendo cada vez mais tempo das crianças e adolescentes, isso significa que está ocupando esse tempo em detrimento de outras atividades que poderiam ser feitas pelas crianças, especialmente as menores, que precisam de diferentes atividades e estímulos para o seu desenvolvimento corporal, psicológico e emocional.

Embora as redes sociais não tenham sido feitas para crianças e a idade mínima seja de 13 anos para o cadastro de um perfil, isso não é respeitado. Alguns países já possuem legislação para proteção à privacidade virtual infantil, limitando a idade para acesso, o que não é o caso do Brasil.

A situação se agrava quando os próprios pais autorizam a criação de um perfil nas redes sociais, sem prever os riscos aos quais muitas vezes crianças e jovens ficam expostos por ainda não terem maturidade suficiente para se proteger nesse mundo virtual sem fronteiras.

Respeitar esse limite de idade seria benéfico, pois ficar por muito tempo conectado ao mundo virtual afasta as crianças do mundo real, interferindo no desenvolvimento de suas habilidades sociais e de convivência.

O excesso de internet, apesar de confortável e seguro para muitos pais, já que os filhos ficam em casa, também está interferindo no desenvolvimento de habilidades motoras como correr, saltar e brincar movimentando o corpo, pois as crianças e jovens passam muito tempo sentados. Traz, inclusive, uma série de problemas físicos, como alterações posturais, percebidas em muitos adolescentes.

Além disso, o uso desenfreado da internet vem causando problemas de concentração e foco nas crianças e adolescentes. A Microsoft realizou uma pesquisa sobre o uso das mídias no Canadá e descobriu que a era digital deixou as pessoas com a capacidade de atenção mais curta que a de um peixinho dourado, que é de 9 segundos. Tudo isso porque a internet tem um ritmo veloz e instantâneo, e está desenvolvendo comportamentos de imediatismo e impaciência. Se um site leva mais de 3 segundos para carregar, por exemplo, pode gerar impaciência.

Acreditamos que não se trata de proibir o uso da internet, porque ela hoje é a base para acesso a aulas de todos os níveis de ensino. Além disso, já é uma das principais fontes de consulta e também de comunicação entre professores e alunos.

Mas devemos, sim, ensinar bons hábitos digitais e colocar limites conforme a idade.

Quanto às redes sociais, existem os riscos da exposição da vida privada através das informações que são colocadas no perfil e nas constantes *selfies* postadas. Muitas crianças e adolescentes acabam se tornando vítimas de assédio sexual e pedofilia por estarem expostas sem orientação e monitoramento.

Algumas postagens passam a visão de um mundo perfeito, onde as pessoas estão sempre lindas e felizes. Muitas vezes, as fotos são editadas para parecerem mais do que perfeitas. E especialmente na adolescência, o dispositivo interno de comparação é acionado.

Essa exposição gera uma competição de quem mais ostenta fotos de festas, encontros ou fatos interessantes, e pode gerar insegurança e baixa autoestima nos jovens, por não se sentirem tão populares ou não terem coisas legais para compartilhar.

Muitos jovens são movidos pelas curtidas que vão receber e ficam à espera de reconhecimento e de elogios nas suas postagens. Ou seja, colocam a sua felicidade nas mãos dos outros e não sabem lidar com suas emoções.

A vida gira em torno das redes sociais, e muitas vezes se torna mais importante fazer a foto para postar nos *stories* do que aproveitar o momento com as pessoas que estão junto compartilhando a experiência.

A opinião de quem está do outro lado da tela, dos amigos virtuais, é mais importante do que a própria experiência. Muitos adolescentes, aliás, tornam-se tão dependentes das redes sociais que adotam como modelos de vida os *Youtubers* e *influencers*, deixando-se influenciar totalmente quanto aos gostos musicais, o que devem vestir, comprar, fazer, pensar, enfim, o que devem ser!

Se os pais não orientarem seus filhos sobre o uso da internet, especialmente os menores de 8 anos, limitando o tempo de tela, controlando o que acessam, protegendo-os dos riscos e ensinando-os a lidar com ela com responsabilidade, as consequências podem ser irreversíveis.

Mas, para isso, os pais vão precisar primeiro se desconectar e estar presentes na vida dos filhos. Compreender o seu papel e dar o exemplo. Os pais precisam primeiro se disciplinar quanto ao uso da internet e das redes sociais e colocar os limites com firmeza e convicção para o bem dos filhos e da família.

Da mesma forma que nenhum pai ou mãe que tem responsabilidade permitirá que um filho saia sozinho para um lugar desconhecido, com possibilidade de colocar em risco a sua integridade, e que fique lá por tempo indeterminado, também não pode permitir que os filhos entrem no mundo virtual sem nenhum cuidado ou acompanhamento. Afinal, ao se conectar à internet, estará entrando em um mundo desconhecido, que pode ter muitas coisas positivas, mas também coisas que oferecem riscos à sua integridade.

A internet está influenciando, sim, a vida dos nossos filhos, porque muitos de nós, pais e mães, estamos deixando esse espaço muito aberto.

Nossa sugestão é que você priorize momentos do dia, quando estiver com sua família, para desconectar-se da internet e conectar-se com a mente e o coração das pessoas que estão à sua volta.

Crie momentos longe das telas, sem internet. Mostre aos filhos, independentemente da idade, que é possível se divertir, conversar, viver no mundo REAL.

Quanto à parte que compete à escola, acreditamos que a sua função é a humanização das relações na era digital. Conhecimento e informação estão disponíveis num toque na tela e, em segundos, uma criança tem acesso a um universo infinito de conteúdos, na "palma da sua mão".

Contudo, cabem aqui alguns questionamentos:

- **COMO** selecionar as informações encontradas na internet, filtrando o que realmente é positivo e produtivo?
- **COMO** fazer o uso da tecnologia com responsabilidade, desenvolvendo uma consciência crítica em relação ao mundo virtual e à confiabilidade das informações?
- **COMO** avaliar o impacto das redes sociais na saúde emocional, nos relacionamentos e na preservação da privacidade?

Isso tudo precisa ser ensinado. E pode ser ensinado nas vivências dentro da escola, nas conversas, nas atividades de sala de aula. Para isso, são necessários seres humanos, ou melhor, um professor, uma professora.

A escola deve continuar promovendo interações presenciais, como torneios esportivos, gincanas, atividades culturais e artísticas. Ou seja, deve oportunizar momentos de trabalho em equipe que gerem colaboração, diálogo e comunicação interpessoal.

Talvez a escola seja o lugar mais adequado, devido à quantidade de crianças e adolescentes que compartilham o mesmo espaço, para se desenvolver habilidades de comunicação e convívio que promovam relações mais humanas, afetivas e verdadeiras.

Acreditamos que só por esse motivo já vale a pena continuar lutando — para construir uma escola mais preparada para lidar com os desafios do mundo atual.

UMA REFLEXÃO...

Se os professores não acordarem para essa realidade e se fortalecerem no desenvolvimento humano, com habilidades socioemocionais, é possível que num futuro não tão distante as escolas sejam substituídas por plataformas virtuais e os professores por robôs ou avatares?

A seguir, a resposta a esse questionamento:

No futuro, é possível que haja uma maior integração de plataformas virtuais e tecnologia na educação, mas é improvável que as escolas sejam completamente substituídas por plataformas virtuais, assim como os professores.

Aqui estão algumas razões:

1. INTERATIVIDADE E ENGAJAMENTO: A interação humana desempenha um papel fundamental na educação. As interações entre professores e alunos, bem como entre os próprios alunos, contribuem para a aprendizagem e o desenvolvimento social e emocional. Embora as plataformas virtuais possam fornecer recursos interativos, elas não podem replicar completamente a riqueza e a complexidade das interações humanas em um ambiente de sala de aula.

2. HABILIDADES SOCIOEMOCIONAIS: As habilidades socioemocionais, como empatia, colaboração, resolução de problemas e pensamento crítico, são cada vez mais valorizadas no mundo atual. Essas habilidades são melhor desenvolvidas por meio da interação humana e do envolvimento com professores e colegas. Embora as tecnologias possam complementar o ensino dessas habilidades, a presença e o apoio dos professores são fundamentais para ajudar os alunos a desenvolvê-las plenamente.

3. ADAPTABILIDADE E PERSONALIZAÇÃO: Os professores são capazes de adaptar o ensino às necessidades individuais dos alunos, levando em consideração seus estilos de aprendizagem, ritmos e interesses. Isso requer compreensão, flexibilidade e adaptação constante, aspectos em que a tecnologia atualmente tem limitações. Os professores têm a capacidade de personalizar a experiência de aprendizagem, fornecendo feedback individualizado e orientação, o que é essencial para o progresso dos alunos.

4. CONTEXTO EDUCACIONAL COMPLETO: A educação envolve não apenas a transmissão de conhecimentos, mas também a compreensão do contexto cultural, social e emocional dos alunos. Os professores desempenham um papel importante em ajudar os alunos a contextualizar o que estão aprendendo, aplicar conceitos à vida real e desenvolver uma compreensão mais ampla do mundo. As plataformas virtuais podem fornecer recursos educacionais avançados, mas é improvável que

elas possam substituir completamente a abordagem holística e adaptativa dos professores.

Embora a tecnologia possa desempenhar um papel cada vez maior na educação, é mais provável que ela seja uma ferramenta complementar aos métodos de ensino existentes, ajudando os professores a melhorar suas práticas, fornecer recursos adicionais e personalizar a aprendizagem. A presença e a *expertise* dos professores continuarão sendo fundamentais para uma educação completa e de qualidade.

O que você achou dessa resposta?

Este texto foi escrito pelo ChatGPT em segundos.

O ChatGPT (*Generative Pre-trained Transformer*) é um exemplo de linguagem desenvolvido por inteligência artificial. É um modelo de linguagem baseado em redes neurais profundas que utiliza uma técnica chamada "aprendizado pré-treinado" para adquirir um amplo conhecimento da linguagem humana a partir de grandes quantidades de dados textuais. Ele é treinado em uma ampla variedade de fontes, como livros, artigos da web, conversas na internet e muito mais.

Essa foi apenas uma demonstração de que a inteligência artificial chegou e está ocupando cada vez mais espaço em todas as áreas. De acordo com o texto acima, a própria Inteligência artificial não considera que irá substituir o professor e a escola. Contudo, cabe refletirmos sobre o tipo de escola, de professor e de alunos que queremos manter daqui para a frente, qual história queremos contar e qual legado vamos deixar para este mundo.

Contudo, deixamos um alerta para todos os professores:

A tecnologia avançará mais nos próximos 10 anos do que avançou nos últimos 2.000 anos. Sendo assim, acreditamos que o professor que não se atualizar e não se transformar em um expert em decifrar emoções, em desenvolver crenças, valores e comportamentos adequados nos seus alunos, ficará obsoleto. Assim como um computador da década de 70, que nos dias atuais seria considerado uma máquina lenta, pesada e sem utilidade.

Gostaríamos que os professores tivessem a consciência de que são considerados, através de estudos e pesquisas, a terceira figura mais importante na formação de um ser humano. Sendo, às vezes, o único pilar da educação de uma criança.

Lembre-se disso e escolha que tipo de professor(a) você quer ser.

Sendo assim, mãos à obra!

VAMOS JUNTOS CONSTRUIR UM MUNDO INFINITAMENTE MELHOR!

REFERÊNCIAS

BANDLER, R. **A introdução definitiva à PNL:** como construir uma vida de sucesso. Rio de Janeiro: Editora Life, 2019.

BANDLER, R.; GRINDER, J. **A Estrutura da magia**: um livro sobre terapia e linguagem. Rio de Janeiro: LTC, 2019.

BRASIL. Ministério da educação. **Base Nacional Curricular Comum.** Brasília, DF: 2018.

CARNEGIE, D. **Como fazer amigos e influenciar pessoas.** Rio de Janeiro: Sextante, 2019.

EXAME. **Nossa atenção é menor do que de peixe dourado, diz Microsoft.** Disponível em: https://exame.com/ciencia/nossa-atencao-e-menor-do-que-de-peixe-dourado-diz-microsoft.

MARIO SERGIO CORTELLA. Site oficial. Disponível em: https://www.mscortella.com.br/.

MEIER, M.; ROLIM, J. **Bullying, sem blá-blá-blá.** Curitiba: Editora Intersaberes, 2015.

NOVA ESCOLA. **Cutting:** como lidar com uma criança que se automutila. Disponível em: https://novaescola.org.br/

conteudo/4993/cutting-como-lidar-com-uma-crianca--que-se-automutila.

NOVA ESCOLA. **Um olhar sobre o bem-estar na escola:** Telma Vinha comenta os desafios da Educação moral. Disponível em: https://novaescola.org.br/conteudo/8159/um-olhar-sobre-o-bem-estar-na-escola.

O'CONNOR, J. **Manual da Programação Neurolinguística PNL:** um guia prático para você alcançar os resultados que você quer. Rio de Janeiro: Qualitymark Editora, 2015.

OpenAI. Disponível em: https://www.openai.com/.

SIEGEL, D. J. O **Cérebro do adolescente:** o grande potencial, a coragem e a criatividade da mente dos 12 aos 24 anos. São Paulo: nVersos, 2016.

SIEGEL, D. J.; BRYSON, T. P. **O cérebro da criança:** estratégias revolucionárias para nutrir a mente em desenvolvimento do seu filho e ajudar a família a prosperar. São Paulo: nVersos, 2015.

TEODORI, B. **Coaching para pais e mães:** saiba como fazer a diferença no desenvolvimento dos seus filhos. São Paulo: Matrix, 2014.

TIBA, I. **Juventude & Drogas:** anjos caídos. 8. ed. São Paulo: Integrare Editora, 2007.

VALENTE, C. **Coaching para pais:** estratégias e ferramentas práticas para educar os nossos filhos. 3. ed. Lisboa: A Esfera dos Livros, 2016.

vitrola

vitrolalivros

VITROLA EDITORA E DISTRIBUIDORA LTDA.

Rua das Camélias, 321 — Aparecida

CEP: 98400-000 — Frederico Westphalen — RS

Tel.: (55) 3744-6878 — www.vitrola.com.br

editora@vitrola.com.br

www.vitrola.com.br